JN175026

川路聖謨とプチャーチン

今蘇える幕末の日露外交史

桜美林大学北東アジア総合研究所

発刊に寄せて　―匂坂ゆりさん　有り難う

桜美林大学北東アジア総合研究所
特別顧問・元国連大使
谷口　誠

匂坂さんに初めてお会いしたのは、桜美林大学の淵野辺校舎の研教室でした。最初からはっきりと私の名前はサギサカと読みますとおっしゃったのですが、二回目にお会いした時に間違って「コーサカさん」と言ったら、「私はサギサカです」とおっしゃったのが印象的でした。このような出会いでスタートしたのですが。この三年余りを振り返ってみますと、匂坂さんなしには私は何も出来なかったと心から感謝しております。研究所の事務的な仕事に加え、私の講演や論文のタイプの打ち込みや、何から何までお願いしたのに、嫌な顔をせず、夜遅くまで手伝っていただき申し訳なかったと思っています。しかし同時に知的で、真面目な性格の匂坂さんと一緒に仕事をすることは、私にとって楽しみであり、私の自宅から1時間半もかけて淵野辺まで通うことは何の苦にもなりませんでした。本来なら匂坂さんは研究所の所長である川西先生のアシスタント役ですが、私が独占したような結果となり、川西先生に申し訳なく思っています。

匂坂さんはモスクワ大学に留学した研究者であり、今から考えると匂坂さんの研究時間をかなり削り取ったと反省していますが、匂坂さんがロシア留学での経験生かし、ロシア研究者として育っていって欲しいと願っています。

最近匂坂さんの「川路聖謨とプチャーチン　今蘇える幕末の日露外交史」と題する著作を一読させていただきましたが、単に既存の資料だけではなく、自分の足で歩いてデータを集め、撮影をされている点を高く評価したいと思います。現在、日本とロシアとの関係は北方領土問題を含め必ずしも良好とはいえませんが、この時にこそロシア留学の経験のある匂坂さんのような若い世代が両国関係改善のために力を尽くしてほしいと期待しています。

目次

表紙デザイン　尹瀛君

まえがき

幕末、日本に来航したペリーに対し、プチャーチンという名前を耳にする機会は少ないのではないだろうか。

一八五三年、アメリカの東インド艦隊司令長官マシュー・ペリーが開国を求めて日本の浦賀に姿をみせたその約一ヶ月後、アメリカを追うように長崎に来航した人物が、ロシアの海軍将官エフィム・ヴァシーリエヴィチ・プチャーチンである。彼との交渉には、幕僚川路聖謨が臨んだ。その際に結ばれた日露和親条約は、どのような過程を経て締結された条約なのだろうか。

筆者がロシアに関心を寄せるようになったのは、大学からの帰宅途中、ロシア人学生に道を尋ねられたことからはじまる。それまで国際政治の授業で頻出した重要な国であったが、日常において特に思い出すことはなかったので、そのロシア人学生に「自分は、何人に見えますか」と問われた際、アメリカ、北欧、中欧、東欧諸国まで答えるも、ロシアという国名がなかなか思い浮かばず、最後まで言い当てることができなかった。

その数日後、友人となったそのロシア人学生と靖国神社を訪れると、偶然にも日露戦争についての展示会が催されていた。その展示会をめぐるなかで、ロシアが日本の隣国であるということが、頭ではなく、はじめて心に響いたのである。

その日を境に、筆者のロシアへの関心は坂を転げ落ちる雪塊のごとく巨大化していき、気が付けばロシア語を習うために、日露の文化交流を促進する団体のドアを叩いていた。そして、そこで出会った関係者の方に、週に一度ロシア語を教えていただくことになったのである。

あるとき、私が卒業論文のテーマとして北方領土の帰属問題を取り上げるつもりでいると、その方にお伝えした時に、次のようなご助言をいただいた。

「北方領土を歴史的、法的観点から〈これは日本の領土である〉と、どんなに主張したところで、相手のロシアが〝NO〟と言ってしまえばそれまでだ。無論、北方領土問題について研究することは意義のあることだが、あなた自身はそういうことを研究していて楽しいのだろうか。それよりも、将来の日露関係に期待がもてるようなテーマのほうが面白いのではないだろうか。江戸時代には日本とロシア人の交流がいくらかあるから、調べてみるといい。」

その言葉に感化された筆者は、調べていくなかで特に目を引いた川路とプチャーチンの交流を卒論のテーマにしたのである。軽い気持ちで決めたテーマであったが、北方領土問題の原点ということを差し引いても、非常に興味深い史実で、その研究は今や私のライフワークのひとつとなっている。

残念ながら、筆者の周りの日本人、ロシア人の友人は、川路とプチャーチンのことを誰一人として耳にしたことがないと言う。ひとりでも多くの方に、彼らの軌跡の片鱗に触れていただければ幸いである。

はじめに

現在、日露間にある外交摩擦のひとつとして、クリル（千島）列島問題が挙げられる。両国間の領土摩擦は幕末以前よりずっと続いており、今なお解決していない。

一六九九年に水夫の伝兵衛がカムチャツカに流れ着き、コサックの長ウラジミール・アトラーソフと出会ったことが日露関係のはじまりとされる。東方との貿易を考えていたピョートル一世は、伝兵衛から日本の事情を知ると対日関係樹立に興味を示し、アンナ・イアノヴナ女帝の時代には、友好的態度に基づき、日本人漂流民を活用して通商を打診するようにとの指示が出された。それ以降、ロシアは漂流民を保護しては引き連れて来日するということを繰り返してきたが、鎖国政策をとっていた日本と通商関係を樹立するまでには中々こぎつけることができなかった。このような日露間の「漂流民の歴史」に終止符を打った条約が、一九世紀半ばに日本の下田において締結された日露和親条約である。

日露和親条約は、同時期の日米和親条約に比べると知名度の低い条約であるが、日露間において初めて公式に交わされた外交条約であり、その締結日二月七日（旧暦一二月二一日、露暦一月二六日）は現在の「北方領土の日」となっている。そのため、今日の北方領土問題の争点として条項が部分的に取り上げられることも少なくないが、締結に至るまでの過程についてはそれほど周知されていない。

きょうは、日本・魯西亜永世の会盟とも申すべき訳にて、書面の取為せ有り。……（中略）……今夜はじめてよくね申し候。

この言葉は、日本側の締結者である幕僚川路聖謨の日記、「下田日記」に記されており、その日付は日露和親条約の締結日となっている。この言葉より、条約は厳しい交渉を経て結ばれたこと、締結された条約を「日本・魯西亜永世の会盟」と呼称し、前向きな評価を与えていることがうかがえる。

また次の言葉は、ロシア側の締結者である海軍将官エフィム・ヴァシーリエヴィチ・プチャーチンがロシア政府に送付した報告書に記されているものである。

私は、皇帝と外務省の方針に従い職務を遂行しました。我々の国民、私自身の称号を汚すことなく、相手国の法や習慣に寛大な心をもって対応し、皇帝の賢明な方針どおりに日本滞在の最終日まで毅然かつ冷静な態度で根気強く交渉をしてまいりました。私は日本との友好関係を壊さずに目的を達成しただけではなく、日本との関係において将来にわたり揺るぎないと言っても過言ではない、堅牢な土台を築けたことを幸いに思っています。

このように、プチャーチンもまた、この条約締結について、日露関係のスタートを切るものとして良い印象を抱いている。

本書は、当時の日本とロシアの背景および関係者の視点を交えながら、日露和親条約締結に至るまでの過程を追うものである。両国の国家的背景だけではなく、締結者および主な関係者の視点を交えながら、日露和親条約を血の通った人間の歴史の一部として捉えていきたい。それ故、少しでも現実味の帯びたものとするために人物の文言をできるだけ取り入れることを意識した。

一章では、幕僚としての川路と、彼をとりまく幕府の情勢を描いている。川路は、下級武士の家庭に生まれながらも、両親の期待を背負い勉学に勤しみ、幕府の有能な裁判官となる。担当した裁判が契機となり、海外に関する書物を読みはじめ、世界情勢の移り変わりの激しさを知るようになった。その後、高野長英や渡辺崋山など蘭学者も集まる尚歯会という研究会に参加し、知識人たちとの親交を通して世界情勢への造詣を深めていった。このようにして、裁判官として弁が立ち、かつ海外の知識が豊富な川路は、外交使節としてロシア使節との折衝を全面的に委任されるにふさわしい人物となっていったのである。

一九世紀に入ると日本をとりまく世界情勢は激しさを増すばかりであったが、当時の日本国内では一揆が多発し、幕府はロシアのような列強国と対等に戦えるだけの国力を持ち合わせていなかった。川路は外国を敵視していたが、戦争となれば「国のつかれ、民のいたみ」になる現状では、開国もやむをえないと認識していた。他方、通商をおこなえば、他国に対抗できるほどの国力を高められるのではないかとの期待をかけていた。

このように川路は、現状では闘争心を抑え、条約締結をもって国力を温存しつつ国際競争の基盤を設けることを先決としていたと考えられる。しかし鎖国政策を第一義と考える阿部正弘や徳川斉昭の意向を汲み、忠実な交渉を心がけていたところに、一幕僚としての川路の意志がうかがえるであろう。

二章では、海軍士官としてのプチャーチンと、彼をとりまくロシア情勢を描いている。

プチャーチンは、海軍人の血筋を受け継ぐ貴族として生を受けた。海軍士官養成学校を卒業した後は、世界周航に随員し、戦争や権益保護、蒸気船購入のために外国派遣に携わってきた。また先駆けて極東開拓の必要性を説き、皇帝に進言した。これらの経験と極東遠征に積極的な姿勢が評価されて、対日関係を樹立させる任務が与えられたのである。

ロシアは、シベリアやアラスカ（ロシア領アメリカ）で得られる毛皮および自国で生産している毛織物を、中国に輸出して大きな財源を得ていた。しかしネルチンスク条約締結以降、中国への配慮によりアムール河口付近への接近を禁止していたため、シベリアやアラスカで狩猟に従事する人々への食料・物資の運搬に不便を被むり、さらに、南京条約の締結で清が西欧列強に港を開くと、ロシアは陸上中継貿易により遅れをとり、経済的危機に瀕するようになった。政府内では、西欧列強の海上貿易に対抗するために、ロシアもアジア貿易を円滑に行える不凍港を手に入れなければならないとの考えが浮上し、プチャーチンは日本・中国を含む極東開拓への必要性を皇帝に進言した。しかし、海軍士官ゲンナディー・ネヴェリスコイがアムール河口、サハリン周辺において航行のルートを発見し、アジア貿易を拡大する好機を得てもなお、ロシア政府内には、アヘン戦争に勝利したばかりのイギリスへの刺激や、隣接する中国との貿易摩擦を懸念する声も強くあり、極東進出に二の足を踏んでいた。

それを後押したのが、イギリスやフランスの日本への度重なる接近、アメリカの日本遠征である。これらの要因によりロシア政府は、プチャーチンを対日外交使節として前回のニコライ・レザノフ使節派遣につづき、五十年ぶりに第三回目となる日本への派遣計画を実現させた。また、諸外国にサハリンを踏み台にしてロシアの領土に接近されることを恐れたため、サハリンの占領に着手することを決断したのであった。

川路とプチャーチンの交渉は、主に長崎で行われた交渉（第一次交渉）と下田で行われた交渉（第二次交渉）とに分かれる。

三章、四章では、プチャーチンの初来航から長崎交渉までを描いている。

この交渉では、川路の意見は取り下げられ、阿部正弘と徳川斉昭の意向により、相手の要求を穏便にかわして追い返す方針が取り入れられた。川路の日記には「国家の御ために心配の極みなり。身は差し置き度たれば、心配なし」と、交渉は心配の極みであるが、身を投じれば心配することはない、との言葉を残している。

しかし川路に随行した箕作阮甫の日記によると、交渉を目前とした川路は夜七時になっても夕食をとらず、涙を流しながら随行員にこのようにもらしていた。


内備武備いまだ完くからず。廟堂の議、公の意の如くならずとも、今日の処置は決して寸壌も与うべからず。若し内備の闕乏し、外冠の勍敵たるをしり、百敗の道ありて一勝算なくとも、若し寸地を与えば、我が大和魂にて海外の事体を諳しせざる者共、決して勃然争議、今度一連の人の罪を鳴らし、公も世に立つことを能わず。余が如きものに至るまで、屠腹の外、耻を雪ぐ法なかるべければ、布恬廷と談話して此の議をやめしむる外、他策なかるべし。

（今回の対応では、絶対に一寸の土地もロシアに与えてはいけない。まだ武力が整っていない現在の日本が外国と争っても百戦中一勝もできない。それにも関わらず、少しでも日本の土地を外国に与えるようなことになってしまったら、大和魂だけで世界に対抗できると思っている者たちが騒ぎ立てて、徳川政権が揺らいでしまうかもしれない。自分のような者に至るまで、切腹を以てしかその恥を雪ぐ方法がないのであれば、今回のプチャーチンとの談義では条約締結を回避する他はない。）

このようなことから、川路は幕府の方針を重荷に感じながらも、第一次交渉（以降、長崎交渉と記す）「国書の範囲内に留める」という姿勢を崩さず、問題を先送りにする姿勢を貫いた。幕府の回答公文の内容とは、択捉島は日本の領土であり、カラフトについてはまだ調査中で、結果が出るためにはあと三年から五年はかかり、また日本は現在多事多難に見舞われて、条約を締結する余裕はないというものである。

結局は、幕府の回答公文の趣旨の通り、条約締結は全面的に拒否したが、国境画定については、択捉島は日本領土であること、カラフトは実地調査のうえ国境を決定することとし、ロシアに対する片務的な最恵国待遇の約束をもって交渉を終わらせた。

しかしその直後、日米和親条約が結ばれたために、第二次交渉（以降、下田交渉と記す）を設け、今度は条約締結を前提として臨むことになる。

五章では、下田交渉から条約締結までを描いている。また交渉中に発生した安政東海大地震についても触れている。

当時はクリミア戦争が勃発したばかりであったために、プチャーチンは英仏艦隊の攻撃に対して警戒をより一層強め、日本との交渉を急いでいた。

そのような状況下、第二回目の会商の前日に安政東海大地震が起こる。この地震の影響により、ロシアの帆船軍艦ディアナ号は深い海の底に沈んでしまったため、その代船として、日露官民合同で帆船戸田号を建造する計画が立てられた。川路は以前より、ロシアの清に対する外交態度の知識を得ていたためか、自身の日記のなかで、プチャーチンを「馬鹿なる使節」、ロシア人全般を「魯戎」などと蔑称している。しかし、大地震の際にみられたロシア人の日本人に対する介抱、戸田号の建造協力を通して川路の心情に少なからず変化がみられるようになった。

日露和親条約締結をもって、クリル列島の境界線は択捉島とウルップ島との間に画定し、カラフトは今までのとおり境界を分けることなく問題を先送りにすることで妥結した。また開港場所として、長崎、下田、函館の三港が選ばれたが、領事駐在の条項について幕府から不満が上がり、再交渉を余儀なくされた。川路は「条約を修正できなければ、自分の命にかかわる」と再度プチャーチンに説得を試みると、条約締結後でありながら、その部分だけは保留とすることに落ち着いた。日露和親条約はのちに両国の領土摩擦に発展する要因のひとつとなるが、前述のように、締結者の両者はこの条約を前向きに評価している。

このように日露和親条約の交渉過程は苦難に満ちながらも平和的にすすみ、締結をもって日露関係は公式にスタートを切った。条約には、両国の良好な関係が永く続くようにとの、締結者両者の願いと期待が込められている。

第一章　幕僚としての川路聖謨
―海外情勢に揺れる幕府の中で

川路の生い立ち

享和元年（一八〇一年）四月二五日、川路の父である内藤吉兵衛は九州豊後の日田にて弥吉（元服後、聖謨に改名）を生み、幕僚への憧れにより上京したのち西丸徒士となった。しかしそれ以上の出世が見込めず断念すると、その夢を川路に託し、自らが家庭教師となり手作りの教本を以て学問を教え込んだ。父の子に対する教育姿勢は厳しいものであり、理解が悪いと弥吉の頭を叩くこともあった。さらに、自分の子が布衣以上に昇進する力がなければ死んでもよいと口にし、汚職をせず、志を立てて励むように説いた（一）。

七歳になる弥吉が父と歩いているとき、向こう側から身なりの良い武士が通りかか

川路聖謨（出典：『ゴンチャーロフ日本渡航記』（高野明・島田陽訳）、（モジャイスキー撮影）

るのを見て、父が「汝も昇進の道開けたり。おとなしく出精すれば、あれ、その徒つれ、馬ひかせて行く人をみよ。あれまではなれる也（二）」と語りかけると、「予かならず成るべし。おとなしく出精すべし（三）」と答えたため、父は喜び、それを聞いた母も「その心、わするゝな（四）」と聖謨に期待をかけた。

内藤家の暮らしは豊かなものではなく、ご馳走といえば薄い卵焼きであるというほどであった。正月の雑煮をつくるために、母が湯をわかして菜園の雪を溶かし、そのあと青菜を二、三本引き抜いた。その時の寒さと、紺縞の木綿の着物にタスキをかけた母の青白い顔色は、終生忘れられないと川路は回想している（五）。このように内藤家では家柄が悪いため、父は弥吉（当時、十二歳）を小普請川路三衛門家に養子に出し、息子の出世への足がけをつくったのであった。

聖謨は川路家の大黒柱となるため、養子に出した後も願掛けに精を出す実父と実母の期待にこたえるために、熱心に勉学に打ち込んだ。その甲斐があり、十七歳のときに勘定所の下級吏員採用の試験に合格すると、異例ともいわれる速さで出世への階段を昇り始めていった。

　後に聖謨が、川路家でさえも輩出した例がない、将軍に謁見が可能とされる身分「御目見以上」に昇進した際、「わずか四ヶ月ばかり予を早くなし給い故に、わが御目見以上仰せ付けられ候事さえに、行道院様はご存知はなし、いたくかなしき事也」(六)と、その四ヶ月前に亡くなった実父に出世した姿を見せられなかったことへのつらさを吐露している。

　川路には、幕内での昇進に拘りながらも、質素な生活を続け民の暮らしを気にかける傾向があったのは、前述のような幼少期の経験が影響を及ぼしていたためであったといえる。

異国との出合い

　勘定所で訴訟を扱う小枠の公事方に採用されてからは、十か月以上に及ぶ未決要件が六十件以上もあったが、それを川路は三、四年にして五件にまで減少させた。裁判の場においては、巷で「気象の博士」と呼ばれていた詐欺師に対し、巧みな尋問によって白状させたこともあった。その後、出石藩仙石家のお家騒動、いわゆる「仙石騒動」を担当し、その判決内容は上役から高く評価された。

　このような努力と功績により、川路は地方の奉行、勘定吟味役昇格を経て、嘉永五年（一八五二年）九月一〇日付、勘定奉行に就任した。

　川路のなかに外国への関心が芽生えるようになったのは、職務である公事方の訴訟案件に蝦夷地やキリスト教に関する内容が含まれていたため、外国の書物を読むようになったことが起因している。川路が「西洋地理其の外の書は、今年役に立ち申さず候(七)」と述べるほど、当時の世界情勢は絶え間なく変化していた(八)。

　また川路は攘夷派である老中首座水野忠邦や水戸藩主徳川斉昭に重宝される一方で、尚歯会(九)の集まりに参加し、西洋知識に明るい高野長英、渡辺崋山、江川英竜、佐久間象山などとともに議論を重ね見識を広めた。日露交渉を臨むにあたっては蝦夷の知識を得るために、間宮林蔵(一〇)にも教えを乞うていた。しかし、尚歯会は蛮社の獄によって解散となり、川路は「崋山は世間から気違いと言われていたが、先見の明のある者は誰でも気違いと言われるものである」（一一）と崋山の死を嘆いた。蛮社の獄では、川路自身も「既に危うきめに逢いき」（一二）となり、「われが親類共つゝしみて西洋のことにても少も他言あるべからず」（一三）（『川路聖謨文書』）と、海外事情を口にすることを自ら禁句とした。

　このように、川路はあくまでも幕僚として幕府を支えることに拘り、攘夷派の海外に対する認識について憂うことはあっても、幕僚の道を捨ててまで自分の意見を押し通すことはしなかった。

幕府への忠誠心

　長崎日記には、物事が良い方に転じたとき、それは「二荒の御神の御力と、上の御武徳」（一四）のおかげであるという記述がみられる。川路には「天子将軍は其の実事なくてはならず、其の実事は民を憐れむ有り」との考えがあり、家康の後継者である歴代将軍への忠誠とは、「天下泰平」の基礎を築いた家康の「武威」と「君徳」に従って天下を守り、「仁政安民」を実現することに努めることであった。そのような川路の徳川家への忠誠心は、もはや宗教の域にあったという見方もある。(一五)

このように川路は、民の繁栄のために一幕僚として幕府（徳川家）を支えることが、自らに課せられた使命のように感じていたと考えられる。

揺れる幕府と川路の政治思想

時が経つにつれ、アメリカ、イギリス、フランス船が頻繁に日本へ接近するようになり、幕府を動揺させた。異国船打ち払い令が廃止された二年後、一八四四年にはフランス船が琉球に通商を求め来航し、イギリス船は日本検吏の反対を押し切り琉球などを上陸観測した。その後、ジェームズ・ビッドルひきいるアメリカ東インド艦隊が日本の貿易状況を確認するため浦賀に国書をもたらしたほか、フランスのインドシナ司令艦隊は長崎に食料補給のために寄港、さらにイギリスのフリゲート戦艦が江戸湾、下田湾を測量するなど、外国船が毎年のように入れ替り立ち替り姿を現しはじめたのである。また、アヘン戦争で清が敗北したことも大きな衝撃となり、幕府は海外情勢に強い危機感を募らせ、防衛意識を高めた。

一方、国内では飢饉が発生し、大塩平八郎の乱をはじめ一揆も多発していた。川路は「武知らずして国を治めしことなし」（一六）（川路聖謨文書第五、二八六頁）として、「武の衰ふるにいたりて、いかなる悪党が大手をひろげて歩行ても、取鎮は出来ぬ也。ここにいたりて天下いふべからざるにいたる也」（一七）（川路聖謨文書第四、二七五頁）と、軍事力の発展を国の最重要課題としていた。そのことについては、「年貢を非道に取らざるは不レ及レ中、民を子の如くにして、よく養育し、不義理ならぬ様にする、これ富国強兵の根本也」（一八）（川路聖謨文書第八、一四七頁）として、幕府を支える軍事力の発展には民の力が必要であり、それを得るためには、幕府はまず民の生活を保護しなければならないとしている。それは、川路の幼少期の経験により辿り付いた政治思想であるといえよう。

川路は奈良奉行の在職時には私費を投じて基金をつくり貧民救済に取り組んだり、学問普及のために褒美を取り入れたりするなど、貧窮する民の暮らしを常に気にかけていた。川路は「民情を知る」（一九）ために、日常から質素倹約を励行し、仕事で宿に泊まる際も豪勢な接待を断り、自炊を心がけ、宿主がどうしても接待をしたいと申し出る場合は「心得にも相成り候間、百姓共朝夕の食事差し出すべし」（二〇）とし、食事の内容は一汁一菜に限定した。ある村で出された百姓の食事があまりにも質素であり、川路が「これをみても憐れと思わざるは、人間とはいうべからざる也」（二一）と述べたほどであった。

米艦モリソン号が来航した際は、「戦争等に見合わせ候はゞ、富士山と粟粒程に候得共、夫さえかくの如くに付、万一の事之れ有候はゞ、国のつかれ、民のいたみ、何を以て補い申すべき哉、恐るべき事と存じ奉り候」（二二）と、撃退論に反意を示した。またペリーが国書を携えて来航した際には、「世の形勢も量らず、軽忽にアメリカ使節の申立る処を許さず、兵端を開くは海岸備手薄の折柄、御国体にも拘るところなり……

（中略）……姑く取計をなすへし」[二三]（水戸藩史料上編一巻、八頁）と、戦争回避のため、アメリカの国書を受領するように幕府に進言している。

このように、「民の負担を考え、日本が脆弱なうちは外国との戦争を避けなければいけない」という川路の一貫した姿勢は、後のプチャーチンとの交渉に対しても影響を及ぼしていたといえる。

交渉方針

嘉永六年（一八五三年）六月一八日、川路は老中首座阿部正弘の命令で相模・安房・上総等の海岸巡視を行い、江戸近海の防備施設の必要性を実感した。その後、江戸近海の砲台築造の計画を命ぜられ、[二四]内海台場普請・大筒鋳立掛を経て、九月二〇日海防掛に任命される。その翌月の一〇月八日に対露外交使節を任され、長崎に来航したロシア使節への対応のために同月三〇日には江戸を発った。

江戸を発つ前、川路は日本使節団の名目上の主席である西丸留守筒井肥前守政憲とともに建議書を幕府に提出した。内容は、日本には外交交渉の事例がないため、中国を模範にすると、周・漢・唐・宗・明の各時代では、敵国に対して戦争するか和親するかの二つの政策がとられていたとして、「一旦、穏の御処置に相成り申さず候ては、相成り難しと存じ奉り候」(二五)とし、「穏順正信の意を以って、彼の国のもの共を相懐け、騒乱の端を引き出し申さず候手段を尽くし、追ってカラフトの境を品能く相定め候下拵えを、仕り度しと存じ奉り候」(二六)と提案するものであった。さらに、「魯西亞本國迄も参り、事穏便に治り」(二七)との覚悟も示した。なお、このときに国防艦を外国から購入する案も提出されたという(二八)。

それに対して、阿部は「国を富ませるには交易が必要である」という川路の意見を認めたものの、海防参与の徳川斉昭は、開国を避けたいとの考えにより、交易はすべきではないとして「我が義勇の精神をもって折衝すべきである」と反対した(二九)。そのため、川路と筒井は代替案として、ロシアの要求をかわし、穏便に追い返す策を提案し、これが採用されることとなった。

重責が圧し掛かる

川路が長崎に向かう道中の一一月一〇日、大坂よりプチャーチンが長崎を退帆したとの知らせを受け訝しむが、江戸の指示により変更することなく長崎に向かうことに決まる。(三〇)その後一二月六日、道中の佐賀にて「プチャーチンが、日本使節が三日以内に到着しなければ浦賀に向かうと申している」という長崎からの知らせを受け取ると、「馬鹿なる使節、その手にのるか」(三一)と単なる脅しであると推しはかりながらも、期日までに到着する経路を吟味し、二日間で十三里余り(三二)の距離を駕籠に乗らず歩行した。

川路は八日に長崎に到着すると、その二日後に到着した筒井政憲、現地の長崎奉行水野筑後守とともに中心的役割を担い、プチャーチンとの交渉に向けて話し合いを進めた。

川路はその日に「自分を二の次にして一生懸命打ち込めば、心配はいらないだろう」と日記で述べているが、随行員の一人である蘭学者箕作阮甫は、「夜七時頃になっても川路は会議のためか、まだ食事をとっていない。川路は国を憂いて涙を流し、今回の対応では、絶対に一寸の土地もロシアに与えてはいけない。まだ武力が整っていない現在の日本が外国と争っても百戦中一勝もできない。それにも関わらず、少しでも日本の土地を外国に与えるようなことになってしまったら、大和魂だけで世界に対抗できると思っている者たちが騒ぎ立てて、徳川政権が揺らいでしまうかもしれない。自分のような者に至るまで、切腹を以てしかその恥を雪ぐ方法がないのであれば、今回のプチャーチンとの談議では条約締結を回避する他はない、と述べた」(三三)と、川路の様子を『箕作征西紀行』に記している。

実際、当時の日本の沿岸防備について、プチャーチンは「最もささいな攻撃であっても、耐え抜くことはできないだろう」(三四)と低く評価し、ゴンチャロフは、「風がそっと吹き、布（砲台を隠す幕）がめくれると、そこには大砲の姿が現れた。一箇所に集められた三門は、ぼろぼろの砲架の上に乗せられてあり、離れたところに砲架のない大砲が一門あるだけであった。我々の砲兵は、砲台が木材でつくられているのではないかと疑っていたほどである」（三五）と述べている。さらに検吏の御供をしていた兵卒については、「彼らが兵卒であると教えられるまで気がつかなかったほど、我々の兵士と比べると、彼らを兵士として認識することは決してできない。彼らは老衰で足元がおぼつかず、目もあまりよく見えていないようだった」（三六）と、日本の海外防衛に対する不足を指摘している。

　このように軍事的に劣勢にある日本が、強国ロシアの要求をかわし、穏便に追い返すことは容易なことではなかったであろう。この策は川路が自ら幕府の意向を汲み代案として提案したものであるが、業を煮やしているプチャーチンを気にかけて長崎到着を急いだり、交渉前に重責のあまり涙を流したりする様子に、幕府とロシアの要求との間で揺れる一幕僚としての川路の心情が表れている。

（一）山本四郎「川路聖謨―特にその外国思想について―」九七‐九八頁を参考したが、旧幕府第二巻第十号「川路左衛門尉聖謨小伝」石原秀男談話、四三－四四頁。続近世百傑伝に依拠するものである。
(二)川田貞夫『川路聖謨』(吉川弘文社 平成九年) 六頁。
(三)同。
(四)同。
(五)川田貞夫『川路聖謨』(吉川弘文社 平成九年) 七－八頁参考。
(六)(前掲)『川路聖謨』二二頁。
(七)同、五一頁。
(八)ゴロウニン『日本幽囚記』、ブリッジマン『海国図志』、工藤兵助『赤蝦夷風説考』、最上徳内『蝦夷草紙』、大槻玄澤『環海異聞』、足立左内の『魯西亜學筌』などよりロシアの知識を得ていたとされる。
(九)洋学をはじめとする学問について議論するために、ひそかに開かれていた勉強会、学術サロン。
(一〇)間宮林蔵は一八〇六年にレザノフのクシュンコタン攻撃に遭遇しており、ゴロヴニンとも面識がある。

（一一）（前掲）『川路聖謨』九四頁参考。
（一二）同。
（一三）佐藤誠三郎「西欧の衝撃への対応―川路聖謨を中心として」（『近代日本の政治指導』政治家Ⅱ、東京大学出版会、昭和四〇年）三九頁注。
（一四）川路聖謨『長崎日記・下田日記』（校注者：藤井貞文、川田貞夫、昭和四三年、平凡社）七九－八〇頁。
（一五）佐藤誠三郎「西欧の衝撃への対応―川路聖謨を中心として」）一二－一三頁参考。
（一六）佐藤誠三郎「西欧の衝撃への対応―川路聖謨を中心として」）一六頁。
（一七）同。
（一八）同、一七頁。
（一九）（前掲）『川路聖謨』三三頁
（二〇）同。
（二一）同、一〇九頁。
（二二）同、八七－八八頁。
（二三）（前掲）「川路聖謨―特にその外国思想について―」一〇一頁参考。

（二四）川路は佐久間象山より砲術について教えを受けていた。
（二五）（前掲）『川路聖謨』一九一頁。
（二六）同。
（二七）英修道「川路聖謨と日露交渉」（昭和三三年、慶応通信株式会社）七頁。
（二八）（前掲）「川路聖謨―特にその外国思想について―」一〇一頁を参考にしたが、『川路聖謨文書』八の三四五－八頁に依拠している。
（二九）（前掲）「川路聖謨と日露交渉」一〇頁参考。
（三〇）イギリス軍が極東を攻撃する可能性があるとの知らせを受け、情報収集のために上海に出帆していた。
（三一）（前掲）『長崎日記・下田日記』四一頁。
（三二）約五・二キロメートル。
（三三）（前掲）『長崎日記・下田日記』四六頁注を参考。
（三四）*Болгуриев Б. Н.*, “К Неизведанным Берегам”-СПб.: “Лениздат Санкт-Петербург”, 1990, С.128.
（三五）Там же.
（三六）*Гончаров И. А.*, Полн. собр. соч. и пис. в 20-ти т. Т.2 “Фрегат Паллада” - СПб.: “Наука”, 1997,

C.330.

第二章　ロシア帝国の極東開拓
―エフィム・プチャーチンの派遣に至るまで

プチャーチンの経歴

一八〇四年一月七日（露歴）、エフィム・ヴァシーリエヴィチ・プチャーチンは、父は海軍大尉、伯父や親族も海軍勤務という血筋を受け継ぎ、海軍貴族として生を受けた。幼少期は屋敷で育ち、周りから航海の話を聞くなどして海軍に興味を持ち始めたという。プチャーチンが十五歳のときに、海軍養成学校に入学し、十八歳で海軍士官候補生となり、ついで少尉に昇進した。同年、M・ラザレフ大尉の指揮下の世界周航船に随員し、三年間ほど航海した後は、エジプトやトルコと戦い、またコーカサス人を駆逐した。さらにペルシアとの間で漁業の境界を画定し貿易の制限を撤廃させ、艦隊増強のためにイギリスやカスピ海へ派遣されたこと等の功により、四五歳で中将

エフィム・プチャーチン　馬堀法眼喜孝作（伊豆・戸田、磯割烹の宿「山市」、筆者撮影）
＊下絵に色をのせたもの

の称号が与えられた。

日本への派遣理由

一八五二年二月二〇日（露暦）、東シベリア総督ニコライ・ムラヴィヨフは、アメリカが日本に開国を求めて出発する予定であり、その到着時期は来年の夏を予定しているという情報をコンスタンチン・ニコラエヴィチ大公（皇帝ニコライ一世の子息）に報告した。このことにより、その約二カ月後に設けられた「極東におけるロシア権益擁護措置特別委員会」(二七)において審議され、海軍将官プチャーチンを第三回遣日使節として、日本に派遣させることを決定した。そして一八五二年一〇月七日（露暦）、対日関係の樹立を目指すべく、プチャーチンは帆船軍艦パルラダ号に乗艦し、日本に向けてサンクト・ペテルブルグから約三〇キロメートル離れた軍港クロンシュタットを出港したのであった。(二八)

その目的達成は、平和的手段によるものとし、日米条約の締結後に限るようにと指

クロンシュタット港の一部（ロシア・クロンシュタット、筆者撮影）

令されており、[三九]強国アメリカが日本の鎖国システムを変革することを期待し、ロシアはその好機に便乗するつもりでいた。特別委員会は、日本との貿易関係樹立はアメリカほど緊急性を帯びていないとしながらも、日本がアメリカの要求に屈して開国した場合、ロシアの得られる利益が他国によって失われないために使節の派遣が必要であると結論付けたのである。[四〇]

ほか、上海に寄港して海上貿易のルートを探ること、東アジアと北米西部にあるロシア領沿岸において、外国船による鯨の捕獲、密貿易の横行が懸念されていたため、その地域の情報収集も任務として同時に与えられていた。

プチャーチンによる極東遠征の提案

パルラダ号がクロンシュタット港を出帆するおよそ十年前の一八四三年、プチャーチンは皇帝に対し、日本への航海案を提出していた。

ロシアはピョートル一世以降、東方への貿易開拓に興味を示しはじめ、シベリアやアラスカなどで獲得した毛皮、自国で生産している毛織物を清に輸出して財源を得ていたが、アヘン戦争後、イギリスと清との間に交わされた南京条約（一八四二）を契機に、清が西欧列強に港を開くと、ロシアの対清輸出額は減少した。それ故、海上輸送で安値の商品を輸出している欧米に比べ、陸上中継貿易で遅れをとっていたロシアは、自国の貿易経済を立て直すために、アジアに位置する不凍港を開拓する必要があったのである。

プチャーチンはキャフタ貿易調査特別委員会の一員として、アムール河辺りにおける清との国境画定の必要性を説き、また「本土とサハリンの間の辺りは未知の地域であり、港に適した場所があるのではないだろうか。実際に航海して調査する価値はある。オホーツク海の航路開拓のために、日本との関係に新たな試みが生じることだろう」という意見を皇帝に進言した。

この東方への貿易開拓案は一度認められたが、後に一八三〇年代から続くトルコをめぐる問題が先決とされたため、とん挫することとなった（四一）。しかしその後、海軍士官ゲンナディー・ネヴェリスコイによって、再び日の目を見ることになる。

ネヴェリスコイは一八四八年頃より航路開拓のためにアムール河口付近、サハリンの探索を積極的におこなってきた。もしアムール河口の利用が可能になれば、カムチャツカ半島やアラスカ半島（ロシア領アメリカ）で毛皮獣を手に入れるために必要な食料、物資の輸送の利便が良くなり、またロシアとアジア諸国を結ぶ有利な航路を見出すことができる。そのため、ロシアはアムール河に進入するための河口を、アメリカをはじめとする外国に占領させないように、河口付近にある樺太西岸を占領する必要があったのである。

諸国との摩擦を危惧するロシア政府はそれを消極的に考えていたが、アメリカ艦隊の日本遠征計画が引き金となり、一八五三年四月一一日（露暦）、サハリンを占領することを決定したのであった。

サハリン占領計画

このサハリン占領の動きは、主に前述したネヴェリスコイと、彼の直属の上司であるムラヴィヨフの影響に大きくよるものである。

特にネヴェリスコイは、一八五二年に北サハリンの調査に部下を派遣するなどして、サハリン占領に向けて着々と準備を進めていた。彼はアメリカのロシア領土への接近を脅威に感じており、アムール河口をロシアが実用的に活用するためには、その要塞代わりとして隣接するサハリンの占領が必至であり、日本人が居住するクシュンコタンを占領しないかぎりはサハリンを占領することにはならない、との持論を有していた。クシュンコタンは松前藩のサハリンにおける漁業および行政の中心地であり、そこではアイヌ人が日本人に従属する形で共に暮らしていた。彼はそこに拠点となる「ムラヴィヨフ哨所」を築いたが、これはサハリンに派遣されたロシア兵員への物資供給のためであると同時に、外国艦隊が到来した際、サハリンがロシア領であることを示すために創設されたものである。

ネヴェリスコイの現地での振舞いについては、日本人に対して友好的な態度を保持し、彼らの商業活動を妨害してはならないとするムラヴィヨフの指示に従い、日本人とアイヌ人の関係に口をはさむようなことはしなかった。(四二)この理由のひとつとして、サハリンを占領しつつ日本との条約締結を期待していたことが挙げられる。

ムラヴィヨフもアムール河口を活用するためにはサハリンの占領は必至であると考え、占領の拠点としてはサハリン西岸と大陸沿岸の二、三地点を想定していたが、日本人との摩擦を避けるために、クシュンコタンの占領についてはネヴェリスコイに指示していない。

ロシア政府（四三）は、アヘン戦争に勝利したばかりのイギリスや、また自国の財政難と貿易の期待から清を刺激することを恐れていたため、アムール河口への接近に消極的な立場をとっていた。しかしアメリカの日本遠征の情報を得ると、サハリン占領をムラヴィヨフに指示する。その指示には、いかなる外国人にも居住、占領を許すなとするだけで、特に「日本人」と名指ししているわけではない。さらにサハリン占領は露米会社に許されるものと指示しており、不都合なことが起きた場合は露米会社を矢面に立たせ、ロシア政府の関与をはぐらかす試みがあったとの見方もある（四四）。

このように、アメリカ、イギリス、フランスの過度な日本への接近は、日本のみならず、日本の隣国であるロシアをも警戒させ、極東遠征を後押しさせた大きな要因のひとつになったといえる。

シーボルトの助言

隣国とはいえ日本にとってロシアが未知の国であったのと同様に、ロシアにとっても日本は未知の国であった。それ故、ロシア政府は日本に使節を派遣するにあたり、オランダの元在日商館長フィリップ・フランツ・フォン・シーボルトに協力を仰ぐことにした。日本の開国に興味を示したオランダは、日本とロシアの仲介役を受け入れ、シーボルトは一八五二年一一月八日（露暦）、今後の露日交渉の進め方の提案をロシア政府に文書で送った。それは、将来、クリル諸島とサハリンをめぐってロシアと日本が軍事的衝突を避けるためのものである。

シーボルトは、ロシア使節団が日本の国法を守るために、来航する場として江戸ではなく、まず長崎に向かうことを勧めた。しかしその背景には、現地のオランダ商館がロシア人の行動を監視しやすく、露日交渉にも影響を与えられるかもしれないとの思惑が込められていた。

ロシアの宰相兼外相カール・ロベルト・ネッセルローデはシーボルトからさらなる助言を仰ぐため、彼をロシアのサンクト・ペテルブルグに招待した。彼は翌年初頭にサンクト・ペテルブルグを訪れ、ロシア人が日本でより良い環境で活動するために、露日条約に入れるべき内容について追加の指令を送るように勧めた。ほか、シーボルトの助言の数々は、オランダ人が日本で活動しているなかで不満に感じている事柄を基としていた。

その例として、次のようなものがある。(四五)たとえば、オランダは日本での活動拠点の建物に対価を支払っていることに不満を抱いていた。それ故、ロシア国民が活動拠点とする建物について、ロシア政府が完全に所有できるようにすることを勧めた。また、日本には貿易に関する規則によって小判と銀に制限が設けられてあり、オランダはその制限以上の額のものを売ることができないため、ロシアとの貿易ではそれを設けないことが望ましいだろうとした。さらに、日本人商人との売買において「Гоканжьо」（御勘定）が仲介しているため、もしこのシステムがなければ貿易がしやすくなるだろうとの考えも示している。(四六) このほか、日本国内でロシア人と日本人との間に深刻な争いが生じた場合は、ロシア領事が直に日本の奉行と面談ができるように、また問題が深刻でない場合は、ロシア領事は日本の庇護者と面談ができるように要求する必要があると伝えた。

このようにロシア政府はシーボルトから様々な助言を受けていたが、プチャーチンには「シーボルトは、ロシアが日本においてオランダよりも大きな特権が与えられぬように常に配慮していた」(四七) と伝えている。

ロシア政府は、領土に関する見解を「クリル諸島でのロシアの領有範囲は、ウルップ島まで」であり、「サハリンを制する者は、アムールを制する」ため、「サハリンを手に入れることは我々にとって特別な意味を有する」とした。また、日本がサハリンに関する交渉に渋るようなら、「サハリンは他国も狙っている。他国に攻めてこられた場合、ロシアが隣国である方が日本にとって有利であり、安全であるとの説明をすればよい。ロシアが無欲な国であることは、何世紀にもわたって証明されているのだから」としている。一方、通商に関する交渉方針としては、「通商上の利益のために、国境交渉は可能な限り寛大なものである」として、サハリン南端に日本人が居住していることを考慮し、「もし日本が通商について柔軟な態度を示すようなら南端のことは譲歩しても良い。もし日本が我々の見解に頑なに反対するようなら、現状をそのままにしておいた方が良いだろう（つまり、国境を画定しない）。」との意向を明らかにした。(四八)

このようにロシア政府は、日本が国境画定に固執した場合、通商の交渉を有利にはこぶ手段として国境画定問題を利用する考えもあったことが伺える。

これらを含めた政府の意向やシーボルトの助言を基に、公文書一八五三年二月二七日付七三〇号「追加訓令」としてまとめ、プチャーチン宛てに送付した。この訓令は、パルラダ号が日本に到着する直前の同年六月、小笠原諸島父島の港で合流した輸送船メンシコフ号によってプチャーチンの手に渡った。

クロンシュタット港から長崎の港まで

クロンシュタット港を出帆したパルラダ号は、南大西洋、インド洋、シンガポールを経て、[四九]その後小笠原諸島にて他の三隻（帆船軍艦オリヴァーツ号、輸送船メンシコフ号、蒸気船ヴァストーク号）と編制し、翌年の嘉永六年（一八五三年）七月一七日に長崎に到着した。それは、マシュー・ペリーひきいる黒船の日本来航の一か月半ほど後のことであった。

その航海は順風満帆なものではなく、太平洋上では「互いに引き裂きあう憎悪に満ちた猛獣の群れ」[五〇]のような台風が襲来し、その時のことをプチャーチンの私設秘書官であり作家でもあるイワン・ゴンチャロフは自身の日記に次のように表している。

想像してみてほしい。君たちの家が塔の麓にあるとしよう。その塔がまさに倒壊しようとしている。どの方角に倒れるか分かれば、君たちは遠くへ逃げることもで

きるだろう。だが、実際に我々がいるこの場所は海の上なのだ！(五一)

台風が過ぎ去ったと思えば、「ああ、凪！　皆さんはこれが罰のようなものであることはお分かりだろうか。これでは激しく揺れているほうがましである。いや、どちらも堪え難い！　昨日は二五〇マイル進んで(五二)、今日もあまり変わらない。明日もまた変わらないだろう！(五三)」と船が一向に進まない状況に直面し苛立ちをつのらせた。また「船室は蒸し暑く、甲板はかんかん照りだ。ほぼ全員が体調を崩し、体中に湿疹やできものを飾っている。私はというと、胃を悪くし、足は丹毒に蝕まれている。とくに手足が弱り、転ばないようにずっと踏ん張っている状態だ(五四)」というように、長崎までの航海は劣悪な環境との戦いであったことが分かる(五五)。

(三七)　戸田村文化財専門委員会、同小委員会編『ヘダ号の建造―幕末における―』(昭和五四年、戸田村教育委員会)　七頁。

（三八）同年一二月、アメリカ政府はロシアが日本へ「不明の目的」でロシア艦隊を派遣したことへの不快感を表明した。それを受けたロシア政府は、日本派遣について特に隠し立てることはしていないと釈明した。その後、アメリカ政府は、日本へ派遣したロシア艦隊がアメリカ艦隊の邪魔をしないようにとロシア政府に要請している。（E・ファインベルク『ロシアと日本―その交流の歴史』小川政邦訳（一九七三年、新時代社）一八八―一八九頁参考。

（三九）E・M・ジューコフ監修『極東国際政治史』（昭和三二年、平凡社）四八頁を参照したが、これはロシア外交政策アルヒーフ主文書一―九に依拠するものである。

（四〇）麓慎一「日魯通好条約について―日露交渉とE・B・プチャーチンへの訓令を中心に」一六九頁参考としたが、これは一八五二年五月七日（露暦）に開催された特別委員会の報告書に依拠するものである。

（四一）プチャーチンもトルコに対して長期にわたり諜報活動に従事していた。（瀧澤一郎「密偵プチャーチン」）

（四二）実際にネヴェリスコイは現地の住民に対して、アメリカ人もサハリンの訪問を望んでおり、「我々は彼らからあなたたちを守るために定住するのだ」と繰り返し伝えたが、彼には住民らを支配しようとする試みがあったとみられる。（ニコライ・ブッセ『サハリン島占領

日記一八五三－五四』日本人の見たた日本人とアイヌ』秋月訳一八八頁参照）
（四三）極東政策に慎重な姿勢をとっていた宰相兼外相ネッセルローデはじめ閣僚の大多数とは反対に、ニコライ一世はムラヴィヨフとともに極東政策に積極的であった。
（四四）秋月俊幸「嘉永年間ロシヤの久春古丹占拠」（北海道大学、一九七四年）六四頁参考。
（四五）例について、*Черевко К.Е.*, "Зарождение русско-японских отношений. XVII-XIX века" - М.: «Наука», 1999, С. 187を参照したが、これはАВПРИ.Ф.Главный архив.I-9.Оп.8.Д.3.Л.43-57に依拠するものである。
（四六）同、187рを参照したが、これはАВПРИ.Ф.Главный архив.I-9.Оп.8.Д.1.Л.227-231に依拠するものである。
（四七）（前掲）『ロシアと日本―その交流の歴史』一九一頁参考。
（四八）АВПРИ, ГА, I-9, оп. 8, д. № 17, ч. 1, лл. 214-216 об., 218, 218 об参考。
（四九）途中シンガポールにて、パルラダ号の老朽化により、新艦ディアナ号の派遣要請を政府に文書で伝えている。
（五〇）*Гончаров*, в 20-ти т. Т.2 "Флегат Паллада", С. 97.
（五一）*Гончаров*, в 20-ти т. Т.2 "Флегат Паллада", С. 299.

（五二）約一六〇キロメートル。
（五三）*Гончаров*, в 20-ти т. Т.2 "Флегат Паллада", С. 301.
（五四）Там же., С.300.
（五五）航海中にコレラによる病死や転落事故によって数人の死者が出ている。

第三章　ロシア使節団の長崎滞在
──日本全権の到着を待つ

ロシア使節団、長崎到着

プチャーチンは、初めて長崎の沿岸に到着した時のことについて、次のように、感慨を述べている。

この十ヶ月間、未開拓でミステリアスな日本に向かって常に緊迫と好奇心とともに航海を続けてきたが、ついに我々の航海の重要な最果てに到達したのだ。(五六)

プチャーチンが携えていた幕府宛ての国書の内容は、「ロシアが要求することは、二つあります。一つは、日本との国境画定です。この問題は両国において深刻なものであるため、少しでも早く画定するべきでしょう。二つめは、両国の間で交易を開始することです。ロシア船がカムチャツカやアメリカのロシア領に往来する途中、日本の港に寄港するので、食料や物資の供給を願います。ロシアは日本の隣国であり、平和的に両国間の利益について話し合うことは他国と比べて当然でしょう」という趣旨のものであった。

　またゴンチャロフは、日本を「鍵をなくした開かない宝箱」[五七]と称し、「日本と御近付きになりたくて、ロシアは今まで富と武力を以て狡猾に立ち寄ってきたが、すべて徒労に終わってしまった」[五八]と過去を振り返りつつ、日本に隠されている資源のことに思いをめぐらし期待に胸をふくらませていた。しかし、日本には「おろしや国の船」と書かれた旗を掲げた艦隊を喜んで出迎える態勢はなく、ディアナ号が長崎湾に入港して、日本の反応の冷たさに遭遇すると、ひるがえって「まるで牢獄に入るかようだ」[五九]と重苦しい空気を感じとり、暗い気持ちになった。

　実際、ロシア使節団と川路ひきいる日本使節団の初対面が実現されたのは、ロシア艦が長崎に到着してからおよそ五ヶ月後のことであった。その間、長崎奉行との応接時を除いてロシア人の上陸は許されなかった。ロシア艦が長崎に到着するや否や、日本側は来航の理由をはじめ「艦隊はいつどこを経て、日本に来たのか」というようなことを幾多も質問し、ロシア使節団を辟易させた。応接時、長崎奉行が口上を述べている様子について、「彼は大嘘つきの大魔王だ。心の中では我々を追い払ってしまいたいと思っているに違いない」[60]と日記に吐露している。

プチャーチンの対日姿勢

プチャーチンは、ロシア艦の停泊の位置や面談の方法などについて日本側と交渉をおこなってきたが、「つまらない些細なことでも彼らの主張に譲歩してしまうと、それはのちに彼らを付け上がらせ、我々との関係に深刻な問題をもたらすだろう。それ故、問題の大小にかかわらず、提督は常に温和で礼儀正しくも、毅然とした態度をもって対応し」[61]、江戸からの回答を数ヶ月間艦内で待たされるという状況に置かれても、「こちらが少しでも脅かせば、奉行もやって来るだろう。しかしそれでは、温和に礼儀正しく振舞うという提督ポリシーを破ることになる」(六二)というゴンチャロフの記述より、プチャーチンが政府の方針を忠実に守っていたことが読み取れる。

一旦、上海へ

そうしているうちに、燃料補給のために上海へ派遣していたメンシコフ号と、情報収集のために間宮海峡へ派遣していたヴァストーク号が、一〇月四日長崎に帰港し、ロシアと英仏との対立が深まりつつあることを報告した。プチャーチンは気持ちがせいて、すぐに江戸へ赴き、その後、情報収集と燃料の補給のために上海へ向かうという計画を立てたが、回答書を携える全権がすでに長崎に向かっているとして奉行に留まるように説得され、江戸行きは断念した。しかし、上海へは同月二三日に向かうことを決めた。そして奉行には、もし帰港しても、全権が到着していなかったときには江戸に向かうと告げ、いつ戻るのか、行き先についても伝えないまま出帆したのであった。

上海では、プチャーチンはアメリカ領事の邸宅に宿泊してトルコとの戦争の情報を収集していたが、郵便により西欧列強との決裂が近いことを知ると、上海にはイギリス兵も滞在しているため、逃げるように日本に戻った（六三）のであった。

ロシア使節団の苛立ち

一二月五日プチャーチンが長崎に帰港しても、日本使節団は未だに到着していなかった。交渉を急ぐプチャーチンは江戸に向かう準備をすすめたが、またもや奉行に引き止められ、一二月九日（六四）まで待つことにした。しかしプチャーチンは、実際はすでに日本使節団が到着しているにもかかわらず、それを日本側は何かの理由で隠しているのではないかと疑っていたため、その間も江戸に向かうための水と食料を奉行に要求しつづけた。

日本のあまりにも頑なな態度について、ゴンチャロフは「海外の事情のみが、日本のシステムを大きく揺るがし、自国の改革に導くだろう」[六五]とし、「日本のドアを開けるとするならば、それは日本が弱っていて戦争ができない状態にあるときである。イギリスがおこなったように、日本の港に無理やり入り、侮辱的な行為をする。そうすれば日本は怒って戦争を仕掛けてくるだろう。もしくは、日本にアヘンを持ち込んで、戦争を誘発することもできる」[六六]と日記に記している。

ロシア使節団が長崎に到着してから交渉相手となる日本使節団と対面するまでの五ヶ月間、陸地での宿泊や散歩も許されず、艦内で回答を待ち続ける状況に相当な苛立ちを覚えていたことが伺えるであろう。

（五六）*Болгурцев*, "К Неизведанным Берегам", С. 128-129.

（五七）*Гончаров*, в 20-ти т. Т.2 "Флегат Паллада", С. 314.

（五八）Там же.

（五九）Там же. 直前に寄港したジャワ島やシンガポールでは歓迎されたため、対象的な日本の反応を受けて余計に落ち込んでいた。

（六〇）*Гончаров*, в 20-ти т. Т.2 “Фрегат Паллада”, С. 365.
（六一）Там же.
（六二）Там же.
（六三）その郵便を受け取るまでは、ゴンチャロフは上海にいるイギリス兵に躊躇なく話しかけることもあった。（イワン・ゴンチャロフ『ゴンチャローフ日本渡航記』高野明・島田陽訳、雄松堂書店、昭和四四年）「第四章 上海」参考）
（六四）後に、長崎奉行の説得により、期日を一四日までに延ばした。
（六五）*Гончаров*, в 20-ти т. Т.2 “Фрегат Паллада”, С. 450.
（六六）Там же., С. 472. 長崎交渉後、プチャーチンが老中に提出した草案のなかに、アヘンの輸入販売を禁止する項目（第四条）が記されている。

第四章　両国使節団の初対面・長崎交渉（第一次交渉）

両者の初対面

川路たちは江戸からおよそ四十日間の道のりを経て、長崎の西役所に集結し、話し合いの準備をすすめた。

会商前、プチャーチンが歓迎の意を表するために日本使節団を船上に招待したが、「船へ参り候わば是非に押付け候て、手荒の事を申成し、日本の境、其外を相定むべき哉も計り難きけしき也(六七)」と、川路はロシアの軍艦に乗艦することを重く受け止めていた。話し合いのなかで、もしロシア側から手荒なことがあった場合には「死を覚悟した家来十九人を召し連れていく」、「ロシア艦が動き出すと大砲は間に合わないだろうから、乗船する小船に火薬を仕込んでおき、ロシア軍艦を焼き払い、一同が切り込む」という提案も出たが、川路は「魯戎の船を焼打ち候て、役々の敵を即座に打ち呉れ候は忝く候得共、左候ては公儀へ大国の敵を新に拵え候に当り、不相当也(六八)」と、かえって日本が不利になるとして制した。そして、自分は幕府のために命を差し出す決意があると述べた後、「左衛門尉一人、魯西亜船に残り候て、彼国へ参り候わば、其帝王へ説き候て御為を仕るべし(六九)」と、一人で捕虜になる覚悟を示した。

翌日、川路は望遠鏡でロシア船の様子を探っていると、船の中で掃除に勤しむロシア兵の姿が見えた。それは、「実に招待のこころなるべし。余意はみえず(七〇)」という風に映った。

ロシア兵一同は日本使節団を迎えるために、日本の礼儀作法に頭を悩ませながら歓待の準備に明け暮れていたのである。

我々はいまだかつて見たこともない客人を迎えるために大荒わであった。この二日間、準備にどれほど思い悩み、艦内を忙しく駆けずり回ったことだろう。日本では、ヨーロッパのように一つのテーブルに全ての客人たちを無作為に座らせてはならない。つまり、一つのテーブルに上司と部下を一緒に座らせてはいけないのである。また我々は上司に対してその部下よりも恭しく接しなければならなければ、敵をつくることになってしまうだろう。ここは礼儀を重んじる国であるため、くれぐれも言葉遣いや態度に厳しく気をつけなくてはならないのである。(七一)

筒井が船内に入ろうとするときに、プチャーチンが高齢の筒井を気にかけて手をとり迎え入れたため、筒井が恐縮すると「階級は各国の君主から授けられるものですが、命は天から授けられるものです。階級のことを申すのであれば、私はロシア皇帝の使節で、貴方は日本の貴官であるため、尊卑はありません。また貴方の年齢は、私の父のそれと変わりありません。それ故、私が貴方の手をとるのは、子が父につかえて孝行することと同じことなのです。人が与えた階級に気をとられて、天に仕えることを疎かにしてはいけません」(七二)（『筒井政憲手記』）と答えた。

歓迎会では、「もてなしぶりの上手なること、実に驚きたり（七三）」というような歓待を受け、交渉に関する話題を振られるようなことはなかった。プチャーチンが「日本を親しく思う」と声をかけると、川路は「遊女が勤番を騙すようなものだ」と内心では軽くあしらいながらも、場を盛り上げるために「江戸に置いてきた妻を思い出して寂しい。忘れる方法をおしえてほしい」という問いかけをした。するとプチャーチンは、「私はもっと遠いところからきた。川路左衛門尉殿どころではない。察してほしい」と率直に答えた。そのあとも雑談が続き、「詞通ぜねど、三十も一所に居るならば、大抵には参るべし。人情、少しも変わらず候（七四）」と、川路はその日の日記に記している。とはいえ、プチャーチンが日本の使節団から贈呈された印楼について、「帰国後は、これを見てあなた方の御恩を思い出すでしょう」と話す様子に、「食えぬ奴ツ也（七五）」と川路は警戒心を解いてはいない。

また川路はロシア兵と交流するなかで、日本の兵力との差を目の当たりにすることになる。

使節一たび令して、将士なるべし、剣を抜きて、一声を発して差図すると、四百人ばかりの軍卒共、潮のごとくかけ出て、三本の帆ばしらへ上りたり。此時も一声もののいうものなく、口ぶえの如き声の笛をふく也。其時、二十八間もあるほばしらへ上り候こと、みな帆づな・縄ばしごを伝えより候。其早きこと、譬うべきものなく、みなあきれたるばかり也。帆桁を東西へ奔走し、帆づなに伝わり、上下するさまは、全くに蜘の如し。……（中略）……軍将といえ共学問するとみえ、書籍夥多し。(七六)

さらに、船の構造についても次のように述べている。

今日、日本の番船は、大風にて波立ち候間、覆らぬが幸也。船中のもの共、潤水にて裾より露したたりて、其難儀いうべからず。魯人はバッテイラに乗りて、平地

のごとし。船のこと、実に残念也。(七七)

頑強なロシア船を目にして、自国の船に不安を覚えた川路であったが、後の下田交渉の際に、目の前のロシア兵たちから洋船の建造術を学ぶことになるとは、このときは夢にも思っていなかったであろう。

長崎交渉開始

嘉永七年(一八五四年)一月一八日から二月一日まで計七回にわたって行われた会商において、川路は幕府の意向通り、プチャーチンの要求を巧みにかわし問題を先送りにすることに全力を傾けた。

川路が持参した幕府のロシア政府宛ての回答文書の内容は、主に次のとおりである。

アメリカ使節も日本に通商を乞いに来航しましたが、我が国はまだそのような余力がありません。また家慶が逝去したために世継ぎ問題も重なり、現在国内では課題が山積みとなっています。そのため、国境画定のことも、通商のことも、あなた方に明答を与えるにはあと三－五年の月日が必要でしょう。とはいえ、せっかくご丁重においでいただいたので、重臣二人（七八）をお送り、会合をもって貴殿にその旨をご説明いたします。

川路はこの回答の趣旨に従い、プチャーチンを穏便に追い返さなくてはならなかった。

プチャーチンは、クリル諸島とサハリンの帰属問題の解決と日本の鎖国政策の撤廃を要求し、最低二港の開港を求めた。一方川路は、択捉島全島を日本領とし、樺太についてはアニワ湾沿岸に駐留しているロシア軍の撤退を求め、その国境の画定は調査をした上で解決すべきであり、それには数年を要すると繰り返し説明した。

ときに、プチャーチンから「我々が所有するカムチャツカや他の場所では魚が多く獲れますが、塩が不足しています。ぜひとも交換しませんか。また外国から米を輸入して、稲作の労働を鉱物資源の採掘にあてることもできます。そうすれば、貴国ももっと富める国になるでしょう」と交易の有益性を説かれると、川路は「異国の方が魚、米や鏡など必需品を日本に持ってくるのは良いとしても、もし、貴殿から頂戴したような立派な時計を持ってこられたら、日本人は目がくらんで、持ち物すべて差し出してスッカラカンになってしまいます」と返し、ロシア使節団と笑い合った。そして、「これらの言葉は、私が貴殿からいただいた時計を大変気に入っている故の証として、ご理解くださいますように」との言葉を添えた。この後、ロシア側は話を進めようとしたが、何となく調子が出ず、「今日は笑ったままお開きにする他にありませんな」と川路は上品に腰を上げ、その日はそのまま穏やかに会を終わらせた(七九)。

また、どうして頑なに交易を拒むのかというプチャーチンの質問には、「貿易というのは、我が国にとって新しい、未熟な分野であります。それ故、まず、方法や場所などをじっくりと吟味しなくてはなりません。娘はいずれ嫁に行くものですが、しかしそれは娘が成人になってからの話であり、同様に、我が国も貿易ができるほどまだ成長していないのです（八〇）」というように答えた（八一）。さらに、早く会商を終わらせてしまいたいとの気持ちからか、川路は自分の妻を話題に出し、「体はここにありますが、心は江戸にあります（八二）」という言葉を何度か口にした。

ゴンチャロフはこのような川路の駆け引きを不快に思わず、むしろ次のように述べている。

> 私を含めみんな川路のことを気に入っていた。彼の知性には良識があり、見事なまでに熟達された弁論を発揮して我々と対立しようとも、その一言一句、癖や物腰でさえも、彼が熟練された人間であり、思慮のある知性と洞察力を備えていることが見て取れるのであった。愚かな人間に共通した部分があるように、良識ある人間にも共通した部分がある。それは、人種や衣服、言語や信仰、人生に対する価値観

の相違とは関係ないものである。（八三）

プチャーチンは、「川路と筒井の我々への振る舞いと気づかいは、教養あるヨーロッパ人とあまり変わらない。とくに機敏で思慮のある知性と熟達した弁論を持つ川路は、例えあらゆるヨーロッパの社交界に出席しても、並はずれた立派な人として注目されるだろう（八四）」と、印象を述べている。

翌日に第四回目の会商を控え、川路が按摩を受けるために唐人（中国人）が居留する唐館を訪れた。その際、そこの按摩師から「今の唐土（中国）は日本の足も支えられないほど衰えています」という話を聞き、川路は驚きを隠せなかった。

あくる日の会商でプチャーチンは、サハリン国境画定の早期解決が望めなければロシアがサハリン全島を植民地化することも可能であると示唆したが、アニワ湾沿岸には日本人がいることは確かで、そもそも樺太は日本のものであると川路は主張して譲らなかった。（八五）植民地化については、川路のあまりにも頑なな態度にいら立ちを覚えたプチャーチンが脅しをかけたにすぎなかったことであろうが、川路は清の現状が頭をよぎり、顔をこわばらせた瞬間であったかもしれない。

その夜、疲労からか、川路は強いさむけを感じて葛根湯を飲んだが、体調は改善せず吐き気に苦しんだ。それは、辞世の句ともとれる句を詠むほどのことであったが、結局、翌日の早朝には自然に完治して杞憂を大笑いしたことが日記に記されている。

今朝、医師の来るまでの内に、
君恩未だ報ぜず身将に死なんとす
怒りて魯戎を罵り碧穹に泣く（八六）

アニワ湾沿岸のロシア軍駐留

アニワ湾沿岸におけるロシア軍の駐留については、川路と交渉に臨む直前の一八五三年一一月、プチャーチンはロシア政府から知らせを受け取ったばかりであり(八七)、川路の撤退要求に対して「カラフトの国境画定が済み次第、即時撤退する」と返答するにとどめた。

プチャーチンは日本使節団を長崎で待っている間、サハリンの国境の位置について回答を求める公文書を受け取り、その返事として公文書一四七号を一八五四年二月二七日に送付した。その内容の一部は、次のとおりである。

> ヴァストーク号をカラフト南端の調査に派遣させましたが、その後、艦長リムスキー・コルサコフからネヴェリスコイが差出した公文書を受け取り、カラフト全島を占領するためにアニワ湾沿岸にロシア軍を駐留させている事実を知りました。外

務省にはカラフト南端を占領する意図はなく、皇帝が命令したことだろうと推測しています。もし日本人に反感がなければ、そこに留まっても良いでしょうが、もし反感があれば、ロシア政府はすでに撤退命令を出しているということにして、未だそこに留まり続けているとしたらそれは駐留軍自身の意思であると主張し、国境が画定されるまでごまかすことも良いでしょう。いずれにしても、私はカラフト南端の現在の状況が把握できていないので、決定はそこに駐在する将官に任せることにします。もし必要であれば、皇帝の命令でカラフト南端に駐留しているロシア軍を撤退させていただきたいと願っています。（八八）

その後一八五四年八月、ムラヴィヨフはプチャーチンに、ロシアの哨所が一時撤去されることを日本人に宣言するように、（八九）またペリー艦隊に遭遇したときは、アニワ湾を含めてサハリンはロシアに属していることを文書にして渡すように勧めた。

エトロフの帰属について

他方、択捉島に議論が及ぶと、プチャーチンは「択捉島は元来ロシア人が往来していたが、その後、日本人が居住するようになったのである。それ故、択捉島のすべてを日本に譲るわけにはいかない」ので[九〇]、「択捉島をサハリンのように分割してはどうか」と提案し、さらに「択捉にはアイヌが住んでいるが、アイヌはロシア人が管轄している民族である」と述べた。それに対し川路は「アイヌは我々が管轄している」と主張したが、プチャーチンは「我々は蝦夷アイヌ（蝦夷に居住しているアイヌ）を言及しているのではない。他のアイヌについて言及している」と返し、話し合いはアイヌ民族の帰属問題にまで及んだが、結論はうやむやのままに終わった[九一]。

前述の追加訓令七三〇号には、「通商上の利益のために、国境画定については、可能な限り寛大なものであるべきである。クリル諸島におけるロシア領最南端はウルップ島、日本領は択捉島までとする」と、政府の見解が示されていたが、プチャーチンは一八五四年一月二一日付公文書一七五号のなかで、択捉島について「条約の承認がなされるまで、権利を主張します」（九二）と、簡単には譲らない姿勢でいることを政府に伝えている。

ロシア使節団、長崎退帆

結果として、樺太の国境画定については実地調査のうえ決めることとなり、また日本はロシアに対して「外国に通商を許可する場合はロシアを最初の国とすること」、「他国に与える通商に関する権限を同一にロシアにも与えること（最恵国待遇）」という約束を覚書にして渡した。

また樺太の国境画定のための実地調査の一環として、両国の見分使を派遣することが決まり、プチャーチンはアニワ湾沿岸に駐留しているロシア軍が日本見分使に危害を与えないことを約束した。見分使の派遣について、川路には樺太におけるロシアの実効支配を妨げる意図もあった。（九三）

こうして、条約締結は先送りとすることで会商を終えた。

安政元年（一八五四年）一月八日、プチャーチンは「この余の会議をなすは無益に属し、……（中略）……速に長崎を出帆する」（九四）（『魯西亜始末』）との言葉を残し、長崎を後にした。長崎での日本使節団の姿勢を、プチャーチンは次のように指摘している。


彼らは特有の機転と狡猾さをもって、我々を疲弊させて諦めさせようとしていた。少なくとも、解決を無期限に先に延ばそうとしていた。（九五）

とはいえ、前記の二つの約束を取り付けたことを大きな成果としてロシア政府に報告している。もともとロシア政府は、アメリカの日本遠征に便乗して開国の利益を得ようとしていたからであるといえよう。

川路は会談を終えた後、長崎の台場などを巡見し、江戸へと向かった。足取りは軽

ディアナ号（クロンシュタット歴史博物館〈Музей истории Кронштадта〉、筆者撮影）
＊ 2014 年 1 月現在非公開

かったと思われる。

西の海でさらりときょうの御用済
御早く帰りマショ〳〵(九六)

下田交渉に向けて

江戸への帰路にて、アメリカ船が浦賀に来航したので帰着を急いでほしい、との知らせが幕府から届いた。これに対し川路は「これより足のつづくだけは歩行して、江戸へ一時も早く着の積り也(九七)」として、気が気ではなかった。

一方プチャーチンは、長崎を出帆した後、船の修理や補強のためにマニラに向かった。現地の英字新聞により、日米和親条約の締結をもって日本がアメリカに対して開港したことを知ると、[九八]長崎に舞い戻り、再交渉の場として江戸付近の港を要請する覚書を送付した。長崎を出帆した後は、韓国の近くにある巨文島を経て、[九九]ホノルル港に入港した。ロシア使節団の随行員ワシリィ・マホフ神父の日記によると、イギリスがロシアに宣戦布告し、イギリス軍がディアナ号を追跡するために太平洋に派遣されたことを現地の新聞で知った。その後、五月二二日（露暦）に沿海地方インペラートルスカヤ湾に入り、ムラヴィヨフと会談した。そして老朽化したパルラダ号に代わる新艦ディアナ号に乗り換え、[一〇〇]条約締結のために再び日本に向かったのである。

その約二カ月後、カムチャツカ地方の南東部にあるペトロハブロフスクが英仏連合軍の攻撃を受け、クリミア戦争の太平洋戦線での戦いがはじまった。[一〇一]

幕府はアメリカと条約を締結した以上、ロシアとの約束を無視するわけにはいか

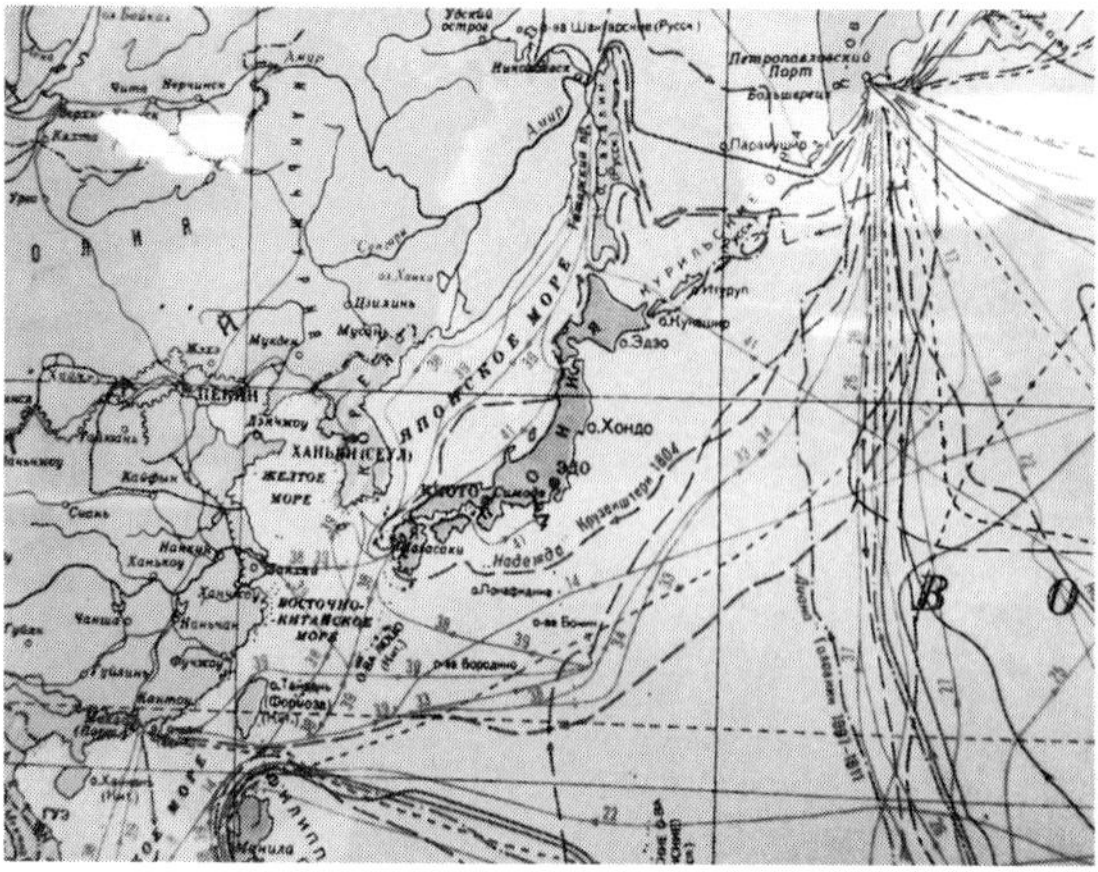

1803-1855年ロシアの主要航路線図（ロシア・クロンシュタット歴史博物館〈Музей истории Кронштадта〉、筆者撮影）
＊38番線がパルラダ号、41番線がディアナ号

ず、川路とプチャーチンは再び顔を合わせることになり、下田に集結した。

　川路は交渉を臨むにあたり、幕府に「亜墨利加への御処置を基本といたし……（中略）……力を尽し候て事を小さくまとめ候積」（一〇二）という姿勢をみせた。また樺太については、「理を尽し弁を究、永代無動御国地の物に仕候見込みにても、戦争に不及穏を主と致し候故、先つは魯西亜え属し候様の次第に可相成を、棄地に致し可申との見込重もに候は丶、万一速に藩籬の地を失い、魯西亜人蚕食の心を長し候の幣をも生し可申哉との廉懸念仕候」（一〇三）と述べているように、樺太が不毛な土地であるとしても譲歩してしまうと、ロシアはこれに味を占めて他の領土についても侵略してくるかもしれないと警戒している。

川路は幕府から、樺太の境界交渉について見分使が戻ってくるまでは延期すべしとの方針を受けていたが、下田への道中、阿部より樺太全島は日本の領土であるとの訓令を受けた。

（六七）（前掲）『長崎日記・下田日記』六五頁。
（六八）同。
（六九）同。
（七〇）同、六七頁。
（七一）*Гончаров*, в 20-ти т. Т.2 “Фрегат Паллада”, С. 467. ゴンチャロフは自身の日記の中で、イタリ

ア文学者Guido Gualtieri の紀行文Relation della venuta degli ambasciatori Giaponesi a Roma. 1587を引き合いに出し、日本の習慣について述べている。

（七二）同、七五頁参考。

（七三）同、七二項。

（七四）（前掲）『長崎日記・下田日記』七二頁。

（七五）同、七四頁。

（七六）同、九七頁。

（七七）同、八九頁。

（七八）川路と筒井（筒井は名目上主席として遣わされたが、実質的な応対は専ら次席の川路に委任されていた）。

（七九）*Гончаров*, в 20-ти т. Т.2 “Фрегат Паллада”, С. 482参考。

（八〇）*Гончаров*, в 20-ти т. Т.2 “Фрегат Паллада”, С. 483.

（八一）「私は、川路が人に話しかけられたとき、立派な扇子をついて、じっと視線を凝らして聴き入る態度が気に入った。話の中ほどまで、彼の口は半ば開かれ、まなざしはやや物思いにふける――注意を集中した兆である。額にうつろう微かな皺の動きには、彼の頭の中につぎつぎに思考が集り、やがて話された内容の全体の意味がまとまってゆく過程が歴然と現われていた。話の半ばを過ぎて、その真意を摑んだと看て取ると、彼の口は固く結ばれ、額の皺は消え、顔全体が晴々する。彼はもう何と答えるべきかを心得ているのだ。もし反意の質問の中に言外の意味が隠されていると、川路は心ならずも微笑を洩らすのであった。彼が自分から話し始めると、いっさいの自己の信念に徹して滔々と述べ、そのときの彼の眼光は烱々と輝くのであった。老人が話をしているときには、川路は人事のように目を伏せて、老人の方を見ないようにしていたが、額の皺の活発な戯れと、瞼やまつ毛のぴりぴりした動きは、彼が私たちの話以上に老人の話を謹聴していることを物語っていた。談判はすべて川路の双肩にかかっていて、筒井はむしろ貫禄をつけるために、あるいは例の人好きのする性格を見込んで派遣されたのかもしれない」（ゴンチャーロフ『日本渡航記』高野明訳四九六頁）

（八二）*Гончаров*, в 20-ти т. Т.2 "Флегат Паллада", С. 481.

（八三）Там же.

（八四）*Гончаров И. А.*, Полн. собр. соч. и пис. в 20-ти т. Т.3. "Фрегат Паллада" - СПб.: "Наука", 2000. -С. 189р.

（八五）（前掲）『ゴンチャローフ日本渡航記』五〇一頁註を参考。
（八六）（前掲）『長崎日記・下田日記』八八頁。
（八七）サハリン駐軍を実質的に管理していた海軍士官ブッセは、駐在しているロシアの兵力不足から日本兵の来襲を危惧しており、「ここで何事もなくいられるのも、プチャーチンのおかげであろう」と述べている。一方、「彼の命令によって、いずれ我々はアニワ湾を去らなければならなくなるだろう」との見解も示している。（ニコライ・ブッセ『サハリン島占領日記一八五三－五四　ロシア人の見た日本人とアイヌ』秋月俊幸訳参考）
（八八）*Черевко*, "Зарождение русско-японских отношений. XVII-XIX века", С.190.
（八九）クリミア戦争の影響により、ムラヴィヨフ哨所の維持が難しくなったため、撤去せざるをえなかった。
（九〇）同、190рを参照したが、これはАВПРИ.Ф.Главный архив.I-9.Оп.8.Д.1.Л.94-96に依拠するものである。
（九一）АВПРИ, ГА, I-9, оп. 8, д. № 17, ч. 2, лл. 177 об. - 178 об., 181 об. - 182 об., 185 об. - 187参考。
（九二）*Черевко*, "Зарождение русско-японских отношений. XVII-XIX века", С.190を参照したが、これはАВПРИ.Ф.Главный архив.I-9.Оп.8.Д.1.Л.113-114に依拠するものである。

（九三）佐藤誠三郎「西欧の衝撃への対応―川路聖謨を中心として」四六－四七頁によると、老中に宛てた文書のなかに「見分使を派遣しなければ、樺太は再びロシアに支配されることになるだろう」とある。

（九四）（前掲）『長崎日記・下田日記』一〇五頁参考。

（九五）*Болгуриев*, “К Неизведанным Берегам”, С. 128-129.

（九六）（前掲）『長崎日記・下田日記』一〇九頁参考。

（九七）同、一二七頁参考。

（九八）*Гончаров*, в 20-ти т. Т.2 “Фрегат Паллада”, С. 606参考。

（九九）一八五四年二月二七日、パルラダ号はマニラからタタール海峡へ出発した。その後、プチャーチンはメンシコフ船を政府からの文書を受け取るため上海に送った。また、ヴァストーク号を米使節ペリーが滞在している琉球に派遣し、プチャーチンが巨文島での面会を希望しているという旨を伝達した。（Известия с Тихого океана. Плавание эскадры генерал-адъютанта Путятина // “Морской сборник”. Т. XIII. №9. СПб., 1854. - С.55）これは、ペリーから日米和親条約の内容を聞きだすためであると思われるが、実現しなかった。

（一〇〇）当時のイギリスの情報誌 Illusted London News によると、一八五二年にディアナ号が南米に寄港した際、住民のクリミア戦争に関する質問に対し、当時の司令官レソフスキーは「我々は、（イギリス艦と出会っても）旗を隠さない」と答えている。（Сведения, помещённые в иностранных газетах о фрегате "Диана" // "Морской сборник". Т. XII. №6. СПб., 1854. - С. 229）

（一〇一）このことは、後に川路の耳にも入ることになる。「アメリカ人の話にては、英・仏の二夷、魯戎のカムサスカを攻め候て、大に戦い、二夷共に敗軍、英の大将敗死いたし候由」（安政元年十二月十四日付『長崎日記・下田日記』）

（一〇二）（前掲）「西欧の衝撃への対応—川路聖謨を中心として」四七頁。

（一〇三）秋月俊幸「嘉永年間ロシヤの久春古丹占拠」八六頁を参照したが、これは『幕末外国関係文書』第五巻三二九文書に依拠するものである。

第五章　下田交渉（第二次交渉）・日露和親条約締結

下田交渉開始

川路は到着した下田の宿舎で、「蒲団中に寐ながら魯人と対話するも計り難く、嘆息せり」（二〇四）というように、布団の中で交渉の見通しを思い描いてみるが、不安を拭い去ることはできずため息をついた。またロシア兵が外を出歩いているのを目にして、「長崎と違い、いまだ御取締立たず、心配せり。昨日も帰り懸みれば、異人竹を杖にいたし、二、三人道傍に立ち居りたり。十年の末いかが。嗚呼」（二〇五）と、将来の日本の姿を憂いた。プチャーチンは長崎で冷遇を受けたことを気にしてか、上陸での交渉条件としてロシア人専用の休息所を要求し、川路はそれを受け入れた。

嘉永七年（安政元年、一八五四年）一一月三日、下田の玉泉寺において交渉がはじまると、まずプチャーチンは通商開始の実現が見込められるなら、国境画定について譲歩の余地があるという姿勢を示し、開港場・領事館駐在について商議すること、また日米和親条約の写しの閲覧を求めた。さらに開港場として、大阪、函館、浜松、兵庫を候補に挙げたが、川路は函館以外の候補地について国内事情を理由に異議を唱え、長崎、下田、函館を候補地として勧めた。

プチャーチンは、長崎はロシアにとって地理的に不便であり、下田湾は冬になると波が荒れるので開港場として相応しくないと述べたが、川路は「下田は良港である」と譲らず、結論は先延ばしとなった。また日米和親条約の写しの閲覧に関しては、「考慮する」の言葉を与えただけであった。

川路は「狡虜、しばしば詞屈し候て、此躰ならば、十分に参り申すべき哉」(一〇六)と、この日のやり取りに手ごたえを感じ、今後の交渉も自分が優勢に立つだろうと思った。

安政東海大地震発生

しかし翌日、川路の日記によると、朝食をとっていた午前八時頃に大きな地震が発生し、会商は延期することになった。壁は破れ、庭園にある寺の石塔などすべて倒れ、人家は崩壊し、海に浮かんでいた大船が陸地に流されていく様子に、川路は「おそろしとも何とも申すべき体なし」(一〇七)との言葉を残している。

まもなく地震の影響で津波が発生すると町中が大騒ぎになり、川路も着の身着のまま六五〇～七六〇メートルほど逃げ、手足に切り傷を負いながら道なき道を経て大安寺山の山頂にたどり着いた。そこでは、手足に切り傷を負いながら逃げてきた人々が念仏を唱えたり泣いていたりして状況が静まるのを待っていた。

一方、ディアナ号に乗艦していたマホフ神父の日記には、次のように記されている。

海水は海底から吹き出して、釜の中で煮えたぎっているかのようであった。浪が渦巻いて逆立ち、飛沫となって飛び散った。大浪がつぎつぎと高くなり、異常な音を立てて怒り狂い、だんだんと海水を駆り立てて岸を侵し……（中略）……海岸にあった日本の小舟はねじ曲げられ、四方八方に散らされた。波の強襲はたちまち拡がって町中まで達し、通りを浸し、ますます水位が高くなって（三サージェン（一〇八）まで）家並を侵して覆い洗った。さらに波は、水かさがふえたことに満足したかのようにすばやく海の方に戻って行き、壊された家や人間までもさらって行った！一瞬のうちに、湾には丸太や小舟、藁屑や着物、屍体、板や、木片につかまって生命を守っている人々などがいっしょくたにあふれてしまった。遭難した人々の呻き、叫び、号泣、波のざわめきとうなり、怒号、それはまさしく混乱であり……（中略）……バビロンの建塔（バベルの塔）かポンペイ最後の日の描写を読み、その画を見るのも同然であった！……（中略）……漂っている破片はぐるぐる回ってねじ曲がり、土砂に混ってさらに沖の方へ流されていった。艦は渦巻の力で錨を抜かれ、あてもなく漂い始め、最初はゆったりしていたが次第に速くなって旋回し、粉ひき臼のように回り出した。三十分間に同じ地点を四十回以上も旋回した。私たちは激しい頭痛を覚え、へなへなと足元に崩れてしまった。十一時近くになって、日本の小船が艦にぶつかってきてつぎつぎと破損した。(二〇九)

津波により、多くの日本人が海に巻き込まれたが、『嘉永七甲寅歳　地震之記』には、「国民の津浪にひかるるを見て、異人ども船中より海上に数十人飛入、凡百人を助けたり」(二一〇)と記されている。

使節団の随行員である古賀謹一郎は、ロシア「船が傾くと、五百人の乗組員が一致協力、大きな鉄棒で、岩を承けて突張り、終に覆らない」(二一一)様子を見て、「毎分一尺五寸宛も浸水しているのに、二十七人の水兵が鐘の合図で整然交代しながら、ポンプ滑車、革桶で、浸水をくみ上げ、昼夜寸時も休まない。若しこれが我が国の船であったならば、とっくに沈没しているだろう」(二一二)（『西史続記』）と記している。

地震当日の夕方、プチャーチンと副官兼通訳のポシェートは川路らのところへ見舞いに訪れ、「医者や外科など必要であれば、遠慮なく仰ってください」[一一三]（『浪後日記』）と述べた。

災害時、川路はロシア人の動向を観察して、次のように日記に記している。

魯人は死せんとする人を助け、厚く療治の上、あんままでする也。助けらるる人々、泣きて拝む也。恐るべし。心得るべき事也。[一一四]

川路は自身の日記のなかで、プチャーチンを「馬鹿なる使節」、ロシア人全般を「魯戎」、「蚕食を常とする魯賊」と蔑称しているが、この出来事を機に「魯人」と書き表す頻度が高くなっている。

ちなみに、戸田の玉泉寺にはこの地震で大砲の下敷きになり亡くなったディアナ号乗組員アレクセイ・ソボレフ水兵と、戸田で病死したロシア兵二名の墓が建てられている。

ディアナ号の沈没、そして戸田号建造

その後、津波の影響で痛手を負ったディアナ号は修理が必要となり、日本側も協力することになった。川路は修理に適した場を与えるため、ロシア側に伊豆房総を巡見する許可を与えると、五日ほどでプチャーチン一行は良港がある戸田という村を発見した。戸田は地図にも記されておらず、川路自身も知らないほど無名の村であったが、船の修理に適している穏やかな湾があった。

「外国の人の災難に御心をつくされ候事、其御手厚さ、全世界中に聞きも及ばぬ御仁恵也、其有難さは、魯王に申立つべきはさら也、永世へ伝え申すべし、との旨まで申したり。うまき辞をいうは布恬廷の常故、いう百分一もとおもい居たる（一一五）」と、川路はプチャーチンの謝辞を社交辞令として聞き流していたが、実際、次のようにロシア政府に報告している。

日本人が、我々が必要とするもの全てを速やかに用意してくれたことについて、私は口を閉ざすことができません。日本の官吏たちは、我々の災難について心から同情の念を抱き、我々が冬の酷い天候にさらされず少しでも良い環境でいられるように、簡易な家を建設するなど大いに努めてくれました。我々が上陸した宮島村では、地震によってすべての家が崩壊しているというのに、日本人の我々に対する人道的配慮を賞賛しないわけにはいかないでしょう。（一一六）

ロシア使節団と宮島村民の出会いは唐突に訪れた。破損したディアナ号の修理のために、下田から戸田に向かう途中で荒波によって航路から大きく外れて沈没の危機に陥ったときである。

「海の天気は倦むことも知らずに荒れ狂った。乗組員は昼夜分かたず水を汲み出したが、間に合わなかった。艦はどんどん沈んでいった」（一一七）ので、士官二名と水夫六名がカッター（小船）に乗り込み、操縦不能となったディアナ号を結びつけた綱によって海岸まで引っ張る手段をとることにした。

彼らは、艦を離れた……波はたえ間なくつぎつぎとカッターを翻弄し逆巻く激浪が彼らの姿を私たちの視界からさえぎった……「沈没だ！」―私たちは恐怖と絶望にかられて叫んだ……「助かったぞォ」―と応じる声が、あたりの大気をふるわせてつたわってきた。事実、私たちは見た。だが、この目が信じられぬほどの出来事だった。

私たちの運命を見守るべく、早朝から千人もの日本の男女が押しかけて来たのである。彼らは奇特にも束になって浜辺を走り回り、何やら気遣っているようであった。つまり、私たちのカッターや、無鉄砲な救助隊員のことを心配していたのだ！

日本人たちは、私たちがカッターを繰り出した意味をいち早く察して、激浪がカッターを岸へほうり出すに違いないと見てとり、綱に体を結び付けて身構えていた。そして、カッターが岸へ着くやいなやそれを捉え、潮の引く勢いで沖に奪われぬように、しっかりと支えてくれたのだ！[一一八]

このようにしてロシア使節団は無事に上陸することができ、その時のことをマホフ神父は「日本人たちは同情のまなざしで私たちを見つめ、できるかぎりの援助をすべく親身の協力を惜しまなかった[一一九]」と述べている。

ゴンチャロフの記述によると、ディアナ号乗員は、「日本人たちは自分たちも地震によって全て失ったにも関わらず、我々にあらゆる手段によって援助し、宿泊所も用意してくれた。また日本政府は食料や我々が必要とするものを全て提供してくれた。我々は日本の奉仕を高く評価し、また彼らのロシア兵に対する同情に感謝している[一二〇]」との言葉を残している。

その数日後、ディアナ号は海上で風に吹き流されたあげく、疾風に煽られ、ばらばらに砕けて沖合で沈んでしまった。（『嘉永七甲寅歳　地震之記』）

ロシア使節団が帰国の手段を失ったため、元尚歯会の一員でもある江川英竜の監視の下、戸田の地でディアナ号の代船となる洋船を建造することに決まった。そして建造地の戸田からも大工を集い、副官ポシェートの手元にあった《Морской Сборникъ No1》『海洋集一号』を参考にし、日露官民ともに協力して取り掛かった。(一二一)

プチャーチンは戸田号を建造する中で、次のようにロシア政府に報告している。

彼らは教養ある国民からすべての役に立つ知識と技術を身につけようと試み、海軍技術に関わることまでしばしば教えを乞うている。今では我々は彼らと打ち解けており、彼らの好奇心を満足させ得るだろう。そのようにして彼らの信頼を得られれば、彼らのキリスト教への偏見も変えることができ、ロシアと日本は忠実かつ有益な隣国関係になることも可能である。(一二二)

米船、仏船の下田来航

プチャーチン一行が戸田に到着したその翌日の一二月九日、米国のヘンリー・アダムス中佐ひきいる蒸気艦ポートハン号が下田港に入港した。日米和親条約批准のための来航であった。プチャーチンに随行せず下田の玉泉寺に留まっていたポシェートは、早速ポートハン号を訪れ、アダムス中佐から日米和親条約の内容を聞き出した。このときアダムス中佐と米艦長は、津波被害にあったロシア使節団に衣服と食料を供給した。

川路はロシア兵がアメリカ兵と接触しないように、玉泉寺にいるロシア兵たちをほかの寺に移そうとしたが、地震による避難民などのために余地がなく間に合わなかった。

米艦が訪れた三日後の一二日、今度は仏船ナポレオン号が日本人漂流民を引き連れて下田港に入港した。しかしロシア兵が滞在していることを耳にすると、逃げるよう

プチャーチンの宿泊所「宝泉寺」から見える戸田湾（筆者撮影）

戸田湾（漁船上。写真の中央付近で戸田号が建造された。筆者撮影）

に同日の夜に出帆したのであった。(一二三)

戸田にいるプチャーチンが、ポシェートの手紙によりフランス船が下田港に入港したことを知るや否や、秘密裏にロシア兵一隊を下田に向かわせ、フランス船を奪取することを試みた。戸田を見張っている日本人役人には、アメリカ艦から食料を受け取りにいくと偽り、ボートに鉄砲弾薬を隠して下田に向かった。しかし、川路の報告書によると「下田にて今朝は戦争始る訳の処、公儀御仕合わせにて、その事にも及ばずフランス人逃げ帰り候は、上もこれ無き分に御座候」(一二四)というように、ロシア兵とフランス兵が鉢合わせになることはなかった。さらに「とても三百人四百人の御人数遣わされ候ても役に立ち申さず、且無事に治り候間、先ず御備えには及び申さず」(一二五)として、万が一、露仏間で戦が起こった場合は、日本が立ち入らない方がかえって良いだろうと述べている。また、「魯人共かく迄とは存ぜず候て、おそろしさに際限これ無く候に付、いずれにも穏やかにいたし、早々帰し候より外に、手段を御座無く候」(一二六)と幕府に報告している。

一方、自身の日記では「今朝、戸田よりバッテイラに乗り、魯人八十人、俄に来る。これはフランス人参り候て、右の船を乗取り候積りの由。出帆を承り外残念がり申し候也。フランス船参り候わば、いか計りか恐れ申すべし、且つはかれに打たれ候事と存じ候処、案外にて、いずれも驚き申し候。布恰廷は、いかにも豪傑也」[一二七]と、恐れを知らないプチャーチンの姿勢を「豪傑」であると評価している。

下田交渉再開

地震後一一月一三日、玉泉寺において会商が再開された。川路はまず「日本所領、エトロフ、并びにカラフト南手アニワ湾を省く、北手のサカリン島南方の際迄、魯西亜領と心得候」[一二八]（『菊池隆吉留書』）と述べた。

プチャーチンは、一八五五年七月一八日付の公文書一七八六号のなかで「私は、日本側が我々の災難を利用して、条約締結を拒否したり、国境画定を変更しようと議論を蒸し返したりすることを恐れていました。そのため日本側には、もし無理な要求をするのであれば、私はあなた方との対話を打ち切るつもりでいると、何度か伝える必要がありました。しかしそれは杞憂であり、日本人たちは本当に我々を気の毒に思っていたのです。日本人たちは我々の災難を理解していながら、当初はサハリンにおいてすべてのアイヌ部族の所属を主張してきましたが、最終的には我々が考えていたよりも、日本側は柔軟な態度を示すようになりました。(一二九)サハリンについて新しく取り決めがなされた後、露日友好のために、再びアニワ湾にロシア軍駐在の哨所を建設するようなことはするべきでないでしょう」と述べている。

前記のプチャーチンの言葉からも読み取れるように、日本全権はアイヌ人の間接支配を理由に樺太の境界線を有利に画定しようと試みていた。実際に日本側の資料においても、この話し合いのなかで、日本が管轄するアイヌ民族を広範囲に「蝦夷アイノ」と明記したい日本側と、限定的に「蝦夷嶋アイノ」と明記したいロシア側でもめている。(一三〇)しかし、なかなか折り合いがつかないため、川路は「現状維持」を提案し、プチャーチンもさらなる調査をもって明らかにした方が良いだろうとして、最終的にはそれに同意した（一三一）。

プチャーチンは国境画定に関する交渉では控えめであったが、通商に関わる領事館駐在のことで川路が明答を避けていると、「大に怒りたるか」（一三二）というほどプチャーチンは不機嫌になり、「領事館駐在が認められないなら、条約の審議の必要はない」と述べ、不穏な雰囲気のまま会商を終えたのであった。

翌日の会商ではプチャーチンの機嫌は直り、「今日は大に承服して柔に成り、事七、八は決せり。夷人はかりがたき事、此の如し」（一三三）と川路は日記に記述しているが、この会商で「アメリカ条約の趣に見合わせ、十八箇月の後に議すべき事と致すべく候」（一三四）との言葉を川路が口にしたためであると思われる。プチャーチンは、十八ヵ月後にロシアの駐在官を置くように食い下がったが、川路はそれについて答えることはしなかった。

開港場所に関する交渉では、川路は日米和親条約においても下田港が認定されているとして、代港の提供を拒んだ。その背景には、下田港の代港は頑として認めないという、徳川と阿部の強硬な反対があった（一四一）ためである。日本使節団は代港の場として浦賀や久里浜を幕府に提案したが、けんもほろろに一蹴されて、村垣は「ロシア人に対して理解がない」と、後に漏らしている。

プチャーチンはなかなか納得せず、覚書を幕府に提出するから進達してほしいとまで主張したが、最終的には下田港の開港を受け入れたのであった。

川路の感懐と分析

大地震という予期せぬ出来事を機に、川路はプチャーチンが置かれている状況を鑑みて、我が身を振り返る箇所がいくらか見受けられる。

いつ帰りかしらぬこと故、いろいろとおもえど、大なる過也。布恬廷のごとく、故郷を一万二三（ママ）里も離れ、船は水船となりて、かたちもみえず沈みたり。其心いかならん。公義の御用にてかかる虜と応接すれば、身をも其夷と同じくせれ

〔ね〕ばならぬ也（一三五）。

再びおもえば、魯戎の布恬廷は、国を去ること既に十一年（航海三十年に及ぶといいき）、家を隔つること一万里余、海濤の上を住家として、其国の地を広くし、其国を富まさんとしてこころをつくし、去年巳来は英・仏二国より海軍を起して魯国と戦い、かれも海上にて一たびは戦いけん、長崎にて見たりし船は失いて、今は只一艘の軍艦をたのみにて、三たび、四たび日本へ来りて、国境のことを争い、この十一月四日をはじめにて、一たびつなみに逢い、再び神のいぶきに挫れて、艦は深く千尋の海底に沈みたり。されど、少も気をくれせず、再びこの地にて小船をつくり、漢土の定海県へやりて、大艦を求めんことをいいて、其日より其ことを落なく書記して出し、其いとまに両国の条約を定めんことを乞いぬ。常には布廷奴《フティヤツ》などいいて、罵りはすれど、よくおもえば、日本の幕府、万衆民のうちより御騰〔登〕用ありて、かく御用いある左衛門尉などの労苦に、十倍とやいわん、百倍とやいわん、実に左衛門尉などに引競ぶれば、真の豪傑也。其豪傑を、朝な夕なに見もし、聞きもしながら、少もしらぬとは何事ぞや。実に肉眼というべし。(一三六)

さらに、『大日本古文書幕末外国関係文書』によると、「追々使節（プチャーチンのこと）対談及、使節格別の人物なる事も相知れ、且つ各其主君の為に忠を尽くさんと思う処は同じなれば、国は違えども、志に於ては兄弟の如く睦くも存ずる事に候」(一三七)と、国に忠誠を誓い奮闘するプチャーチンの姿勢を、自身と重ねて共感を覚えている。(一三八)

一方ロシアの政策については、冷静に分析している。ロシアは頻繁に韃靼地方に侵略を試みたが、清朝政府が敗れることはなかった。しかしその後、ロシアは再び力をつけたので、次は樺太に手を出そうとしているのかもしれない。クシュンコタンに陣営を築き、さらにはカラフトを折半する提案を断固として受け入れないプチャーチンの姿勢を鑑みて、「これは後日侵奪の心ある故也」(一三九)として、再論の必要性を感じていた。その機会はロシアが英仏に勝利した場合は早く、敗北した場合は遅く訪れるだろうと考察している。（一四〇）また、ロシアはネルチンスク条約のせいでアムール河を越えて韃靼に進出することができず、カラフトに入ることもできない。しかし去年の七月、カラフト、韃靼においてロシア船が目撃されている。「もしロシアが韃靼に入ろうとするならば、大船を以てクシュンコタンの方へ迂回するはずだ」とロシアの動向を探っている。

条約締結

対面交渉によってある程度条約の合意が得られると、日本使節団の随行員である勘定吟味役中村為弥が仲介者として寺宿とロシア艦を往復し、最終的な取り決め事項を詰めた。（一四一）

結果として、国境画定については、クリル諸島のうちロシア領最南端はウルップ島とし、日本領最北端を択捉島とした。カラフトにおいては、アニワ湾をのぞくすべての領地について「界を分たず、是迄仕来りの通りたるべし」ということで妥結した。

通商については、同時期に結ばれた日米和親条約とは異なる内容のひとつとして、日露貿易では物々交換が許容されている。これは交易における日本側の金銀の制限のことも考慮に入れたためであろう。

開港場所として、下田、函館、長崎の三港が選ばれたが、幕府は領事駐在に関する条約第六条「若し止むことを得ざる事ある時は、魯西亜政府より、箱館・下田の内一港に官吏を差置くべし」と、附録第六ヵ条「魯西亜官吏は（安政三年、暦数一八五六年）より定むべし」について、「これでは日本側の合意がなくても官吏を置けることになってしまう」と、日米和親条約との齟齬を指摘した。そして川路にプチャーチンと再交渉して当該条項を削除するように命令したが、[一四三]川路はこれに対して「容易に彼の要求を拒絶するを得ざりしなり、黒夷の脅嚇と魯戎の狡猾には寛に困苦する所なり」[一四四]と不満を抱き、また義父の危篤も相まって阿部に断りを申し出た。しかし、その願いは「容易ならざる御用に付」[一四五]、却下された。

川路は下田に赴き、プチャーチンに請願したものの、条約書はすでにロシア本国に発送済みであるとのことで受け入れ難いとされた。しかし「拙者政府へ対し申し訳けもこれ無し。実に生死にも拘わり候次第に陥り候」(一四六)（『菊池隆吉留記』）という川路の姿勢に、プチャーチンは「（その件については）暫く猶予してほしい」と答え、最終的には「日本政府より官吏差置方に付委任之人に談判いたすべし、若し日本に於て、其時迄未だ外国の管理を差置かざるなればなり」(一四七)（『幕末外国関係之文書』）という文書を提出した。

条約締結を終えて

条約締結後、川路は「プチャーチンは、自分の命がある限り、日本には悪いようにはしない、カラフトのことなど心配するに及ばない、などと言っているが、その姿は、飢えた獣が人に向かって尾を垂らしながら、食物をねだっているようである。しかしながら、彼もまた自分たちと同様に人間なのだ。有り難く思うこともあるだろう。とはいえ、油断大敵である」と複雑な心境を抱きながらも、「蚕食を常とする虜賊らがいうこと、少しも取るにたらず。いささかにても取用い候わば、大事也（一四八）」とやはり警戒する姿勢を崩すことはしていない。（一四九）しかし、日露和親条約のことを「日本・魯西亜永世の会盟（一五〇）」と呼称しロシアとの関係樹立を前向きに捉え、交渉を終えた後の「今夜はじめてよくね申し候（一五一）」との言葉より、重責を全うしたとの思いでほっとしている様子が読み取れる。

　きょうは、日本・魯西亜永世の会盟とも申すべき訳にて、書面の取為せ有り。
……（中略）……今夜はじめてよくね申し候。（一五二）

一方、プチャーチンは、後に日本滞在についてロシア政府に次のように報告をしている。

我々は、川路と筒井、各奉行、他の役人達の心遣いにより親切で洗練された手厚いもてなしを受けることができました。ほかの旅行者が記しているように、日本滞在中には、日本人は極東の中で最も教養高い民族であると断言できるほどの機会が十分にありました。（二五三）

私は、皇帝と外務省の方針に従い職務を遂行しました。我々の国民、私の称号を汚すことなく、相手国の法や習慣に寛大な心をもって対応し、皇帝の賢明な方針どおりに日本滞在の最終日まで毅然かつ冷静な態度で根気強く交渉をしてまいりました。私は日本との友好関係を壊さずに目的を達成しただけではなく、日本との関係において将来にわたり揺るぎないと言っても過言ではない、堅牢な土台を築けたことを幸いに思っています。（二五四）

川路聖謨の墓〔正面〕（東京、大正寺、筆者撮影）

川路聖謨の墓〔側面〕（東京、大正寺、筆者撮影）
＊さと子は、川路の妻

プチャーチンの墓〔正面〕（ウクライナ・キエフ、ペチェールシカ修道院、筆者撮影）

プチャーチンの墓〔裏面〕（ウクライナ・キエフ、ペチェールシカ修道院、筆者撮影）

（一〇四）（前掲）一四三頁。

（一〇五）（前掲）『長崎日記・下田日記』一四六頁。

（一〇六）同、一五〇頁。

（一〇七）同、一五一頁。

（一〇八）約六・四メートル。

（一〇九）（前掲）『ゴンチャローフ日本渡航記』付録「フレガート・ディアナ号航海誌―ワシーリイ・マホフ司祭長の一八五四－五五年の日本旅行記―」六七七項。

（一一〇）沼津市明治資料館編『嘉永七甲寅歳　地震之記』（同所発行、平成二三年八月）二八頁。
（一一一）森義男『プチャーチンと下田』（下田市観光協会、一九九七年）六三頁。
（一一二）同、六四頁。
（一一三）（前掲）『長崎日記・下田日記』一五三－一五四頁。
（一一四）同、一五三頁。
（一一五）同、一八七－一八八頁。
（一一六）Репорт генерал-адъютанта Путятина Его Императорскому Высочеству Управляющему Морским Министерством // “Морской сборник”. Т. XVII. №7. СПб., 1855. - С. 231-243. 後

に、ロシア皇帝はプチャーチンの報告を受け、幕閣に感謝の意を表すように、ネッセルローデに伝えている。

（一一七）（前掲）『ゴンチャローフ日本渡航記』付録「フレガート・ディアナ号航海誌―ワシーリイ・マホフ司祭長の一八五四－五五年の日本旅行記―」六八二頁。

（一一八）同。「善良な、まことに善良な、博愛にみちた民衆よ！　この善男善女に永遠に幸あれ。末永く暮らし、そして銘記されよ―五百人もの異国の民を救った功績は、まさしく日本人諸氏のものであることを！あなた方のおかげで唯今生き永らえている私たちは、一八五五年一月四日の出来事を肝に銘じて忘れないであろう！」（六八三頁）

（一一九）同、六八四頁。

（一二〇）*Гончаров И. А.*, Полн. собр. соч. и пис. в 20-ти т. Т.3. "Фрегат Паллада" - СПб.: "Наука", 2000. -С. 49р.

（一二一）建造されたスクーナー船は「戸田号」と命名された。プチャーチンは感謝の意をこめて自画像を戸田号建造の人夫頭に贈り、戸田を去る際に次の言葉を残している。「吾が魂を此の地に永久に留めおくべし」。

「戸田号の建造は、われわれと日本との間をすっかり親密にしてしまった。このことは同時に、この国とわれわれとの将来の関係の上にも、間違いない好ましい影響を及ぼすであろう」。（Морской сборник 一八五六年八月）またこの時に習得された洋船技術を中核として、のちに横須賀に海軍工場を建てるに至った。（E・M・ジューコフ『極東國際関係史』三八五頁参考）

（一二二）*Э.Я.Файнберг*, «Русско-Японские Отношения в 1697-1875гг.» - М.:«Издательство восточной литературы», 1960, С. 172を参照したが、АВПР, ф.Главный архих 1-9, д. 17, ч. 2, л. 282に依拠するものである。

（一二三）日本人漂流民については、日本側が受取を拒否したため、同情したアダムス中佐と米艦長はアメリカ側が一旦引き取ることにした。

（一二四）（前掲）『プチャーチンと下田』九三頁。

（一二五）同、九三－九四頁。

（一二六）同、九四頁。

（一二七）（前掲）『長崎日記・下田日記』一八五頁。

（一二八）同、一六〇頁注参考。

（一二九）*Черевко*, "Зарождение русско-японских отношений. XVII-XIX века", С.190.

（一三〇）（前掲）『プチャーチンと下田』九七頁参考。
（一三一）（前掲）『長崎日記・下田日記』一六〇頁注参考。
（一三二）同、一六一頁。
（一三三）同。
（一三四）同、一六一頁の注を参照したが、これは『菊池隆吉留書』に依拠するものである。
（一三五）（前掲）『長崎日記・下田日記』一七九頁。
（一三六）同、一八一頁。
（一三七）（前掲）「西欧の衝撃への対応―川路聖謨を中心として」三一頁。
（一三八）一方、次々と他国の地を奪おうとする列強国の政策については、川路は首をかしげ、夷人の欲にはかぎりがなく、恐ろしいことであると日記に記している。
（一三九）同、一七〇頁。
（一四〇）川路は、樺太問題について再び自分が対応したいが、その頃はもう自分は高齢になっているだろうと悔しい思いを日記に吐露している。
（一四一）下田は、江戸から近すぎることも遠すぎることもなく、地理的に最適な場所にあり、またロシア人の要求に応じると、他国の要求にも応じなくてはならなくなるという懸念があったためである。

（一四二）日露和親条約の全文は、幕末外国関係文書（東京帝国大学蔵版）に所蔵されている。筆者は、（前掲）『長崎日記・下田日記』一九二－一九四頁を参照した。

（一四三）ほか、川路は斉昭より開港場でのキリスト教の布教禁止の公約を取り付ける任務も任されたが、プチャーチンに断固拒否され不成功に終わった。

（一四四）（前掲）「川路聖謨と日露交渉」九四頁。

（一四五）（前掲）『川路聖謨』二四七頁。

（一四六）（前掲）『長崎日記・下田日記』二一四頁注。

（一四七）（前掲）『プチャーチンと下田』一七八頁。

（一四八）（前掲）『長崎日記・下田日記』一九〇頁。

（一四九）宗が「戦か和」のうち「和」を選択しても相手に欺かれて、土地をとられたことを振返って、川路は「このほとの躰に而は和しても戦ひ、不和しても戦ふか也」と述べている。（山本四郎「川路聖謨―特にその外国思想について」一〇一頁）

（一五〇）（前掲）『長崎日記・下田日記』一九二頁。

（一五一）同。

（一五二）同。

（一五三）*Гончаров.*, Полн. собр. соч. и пис. в 20-ти т. Т.3. “Фрегат Паллада” - СПб.: “Наука”, 2000. -С. 177р.

（一五四）Там же.

おわりに

ロシアは一八世紀頃より、販路を確保するために日本との通商関係の樹立を強く望んできたが、ネルチンスク条約締結以降、極東への新しい航路を見出したにも関わらず、諸国との摩擦を恐れるあまり、極東政策に消極的な態度を保持していた。しかし英仏、米国の極東進出の激化によってロシアの周辺が脅かされるようになると、貿易経済の確保、また領土保全の観点からも極東対策を躊躇しておくことはできなくなっていた。このように、日露和親条約は当時の両国同士が自発的に締結を望んでいたというよりは、世界情勢に押され必要に迫られる形で結ばれた側面が強い。

当時の幕府は貧窮する国民を抱えており、川路は、日本の現状を鑑みると、他国の要求を跳ね返してもし戦争になれば負け戦になるとして、それを回避するためなら開国もやむをえないと考えていた。他方、貿易を通して、国を富ませ、他国に対抗できるほどの国力を高められるのではないかとの期待をかけていた。ロシア使節団を目の前にして、自国との国力の差に愕然とするも、交渉には怯むことなく毅然とした態度で臨み、阿部と斉昭の鎖国主義思想に頭を悩ませながら、穏やかな交渉をもって幕府の意向を実現することに尽力した。「解決を無期限に先に延ばそうとしていた」川路の巧みな弁論にプチャーチンは苦慮していたが、川路自身に対しては「例えあらゆるヨーロッパの社交界に出席しても、並はずれた立派な人として注目されるだろう」と評しているように、教養の高い人物であるとみなしていた。

一方、日本の目には裕福に映ったロシアも、実情は英仏の中国進出に押されて経済的に窮している状況にあった。そのような下、英仏、米国の日本への接近は、日本の隣国であるロシアに極東遠征に拍車をかけるようなものであった。

プチャーチンは先駆けて極東進出の必要性を皇帝に進言し、自らが使節となって日本との通商を取り決めた。プチャーチンの任務は、日本と国交を結ぶことだけではなく、その周辺地域における情報収集も同時に任されており、日本との交渉が難航している状況下、英仏とのクリミア戦争が勃発し、さらには異国で被災したためにディアナ号を失い、帆船を一から建造することになるなど、彼の心理的な重圧は想像に難くない。しかし、そのような状況に置かれても取り乱すことなく、自国のために果敢に臨むプチャーチンの姿を、川路は「真の豪傑」と評し、「志においては兄弟のようである」と共感を覚えた。

日露和親条約そのものは完全な条約であるとは言えず、とくに樺太の領有について、川路は一抹の不安を抱いていた。実際にこの条約は締結後から今日まで日露の領土問題の発端となっている。

とはいえ、日露和親条約を日露関係が進み出すための「スタート台」と捉えるならば、プチャーチンの言葉を借りると、それは「将来にわたる堅牢なもの」のはずであり、少なくとも、決裂することなく平和的にスタートを切り、一歩前進したことを両者の締結者は認めている。進みつづけるために、両国間に未だ残る不完全な部分をいかに交渉し、いかなる関係を構築していくのか、それは今後の両国の外交官の姿勢、手腕次第であるといえる。

最後に、川路とプチャーチンの交渉姿勢とその付加価値が、現在のクリル（千島）列島問題の原点にあるということを付して終りとしたい。

あとがき

本書は、日露両国の国家的背景を描きつつ川路聖謨とエフィム・プチャーチンという人物を中心として、日露和親条約締結までの交渉過程を追うものでした。

初めて書物を書かせていただき、かなり荒削りになってしまったように思いますが、先行研究の力添えを受けて、自分なりの色を出せるように努めました。

「日露和親条約締結」という一言の背景に、当時の多くの人生が交差していましたが、とくに川路とプチャーチンがそれぞれ葛藤したり、憂えたり、人の善意に心が動かされたり、現代の人々と同じようにさまざまな感情を抱き、両者の間に血の通ったひとつの人間関係が築かれたことを、この拙稿から少しでも感じ取っていただけたなら有り難いことです。

筆者はモスクワに語学留学中、友人であるロシア人たちとの関係が深くなるにつれて、彼らとの間に人種の境界を感じる機会が少なくなったように感じました。このようなことから、「愚かな人間に共通した部分があるように、良識ある人間にも共通した部分がある。それは、人種や衣服、言語や信仰、人生に対する価値観の相違とは関係ないものである」というゴンチャロフの言葉に共感を覚えています。

また、相手への印象によって、おのずと相手の背景に対する印象も変わっていくことも大いにあるでしょう。

外交は国家同士の国益の衝突であるといえますが、実際に交渉するのは少数の生身の人間同士です。人間同士が交渉する以上、交渉を担う外交官の人格を無視することはできないと筆者は考えます。いかなる状況にあっても、交渉中に取り乱すようなことがあれば、信頼関係は崩れ、国の印象も悪くなるでしょう。川路とプチャーチンは自国の国益を守るために、交渉には毅然とした態度で臨み、ときには狡猾さも必要とされ、お互いに警戒心を忘れることはしませんでした。しかしそのようなシビアな関係にあっても、相手の良い点を認め、ある面では感謝をしています。ひいてはそれが相手国に対する良い印象へとつながっています。

筆者はロシアで理不尽な場面に出会うことも多々ありましたが、ロシア人たちに親切にしてもらったこともあり、そのおかげでロシアという国に対する印象も大きく変わりました。この経験は、日露和親条約の交渉過程において日本人とロシア人が相互に抱いた心情と通じるところがあるように思います。

日露和親条約は不完全なものですが、それでも両国の関係をスタートさせたこと、しかもそれが両国の締結者に少なからず良い印象をもたせたことは評価に値するものであるといえるのではないでしょうか。日本とロシアの間にいまだに残る問題が、冷静な対話によって知恵を出し合い、少しずつでも改善していくことを切に願います。


本書の出版にあたりお世話になった方々に感謝と御礼を申し上げたいと思います。

拙稿を出版させていただくことになったのは、桜美林大学北東アジア総合研究所所長の川西重忠先生と、特別顧問の谷口誠先生の御厚意によるものにほかなりません。

出版の機会を与えてくださった桜美林大学北東アジア総合研究所所長の川西重忠先生に感謝と御礼を申し上げます。若輩者の筆者に出版の機会を与えてくださったことは身に余る光栄で、先生の御恩に心より大変感謝しております。

また、出版を勧めてくださり、御多忙の中で本書に対して御言葉をくださった谷口先生に厚く感謝と御礼を申し上げます。本当に有り難うございました。

そして、写真資料の掲載を快諾してくださった磯割烹の宿「山市」の女将さん、クロンシュタット歴史博物館、大正寺のご関係者の方々、さらに、ロシアで資料を収集するにあたり、部屋を貸してくれたり、文献を提供してくれたりするなど親身に協力してくれたモスクワの友人、Sasha と Dima に深く感謝いたします。

拙稿がこのように書物として出来上がったのは、出版元である桜美林大学北東アジア総合研究所、印刷会社をはじめとする関係者の皆様の賜物です。

この場をお借りして、筆者に御協力くださったすべての方に感謝と御礼の気持ちをお伝えしたいと思います。

―川路聖謨略歴（対露外交使節に就任するまで）

享和元年（一八〇一年）
四月二五日　内藤吉兵衛歳由の息子として、弥吉（元服後、聖謨に改名）が生まれる
文化九年（一八一二年）
八月二七日　幕府小普請組川路三左衛門光房の養子となる
文化十四年（一八一七年）
勘定所の筆算吟味の試験に合格（これが幕僚への最初の足がけとなる）
文政元年（一八一八）
三月四日　支配勘定出役に採用される
三月八日　評定所書物方当分出役となる
文政五年（一八二二年）
九月　実父が逝去

文政六年（一八二三年）
一月一九日　評定所留役となる（この頃から、海外の書物を読みはじめる）
天保六年（一八三五年）
八月　仙石事件を断罪する（このことが幕府内で高く評価される）
一一月二八日　勘定吟味役となる
一二月一六日　布衣となる
天保十年（一八三九年）
五月　蛮社の獄が起こり、一四日、渡辺崋山が逮捕される。川路も嫌疑がかけられるが、免れる。
天保十一年（一八四〇年）
六月八日　佐渡奉行となる
天保十一年（一八四一年）
九月一六日　自ら記した『自戒録』（身を慎むこと、人の悪口を言わないこと、

良しと心に決めたことは、実行すること等）に基づき、生活態度を
改善し、周りに隙をみせないように努めはじめる
天保六年（一八四六年）
一月一一日　奈良奉行となる（川路には左遷という意識があり、それは天保の改
革の余波と考えられる）
嘉永五年（一八五二年）
九月一〇日　勘定奉行となる
嘉永六年（一八五三年）
六月二二日　命令を受け、相模・安房・上総の海岸巡視に出発
七月二五日　江戸近海の防備が至急必要であることを進言する
七月二九日　江戸近海における砲台設置計画を任される
九月二〇日　海防掛を兼任する
一〇月八日　対露外交使節として、長崎行きが命ぜられる。

―エフィム・プチャーチン略歴（対日外交使節に就任するまで）

一八〇四年一月七日　退役陸軍大尉の家庭に生まれる
一八二二年三月一日　海軍少尉となる
一八二二年八月一七日　M・ラザレフ大尉ひきいるクレイセル号に随員して世界周航に出る
一八二五年八月五日　クロンシュタット港に帰着
一八二七年八月　アゾフ号（艦長はM・ラザレフ）で地中海に出動し、トルコに勝利する。
その後、中尉となる
一八二八―一八三〇年　エーゲ海とロシアとの間を往復
一八三三年　ダーダネルス海峡の測量を行い、トルコ軍の防備施設を写真撮影し、要塞強度に関するデータを収集。
一八三四―一八三五年　コルヴェト艦イフィゲニアの艦長を務める。

一八三七－一八三九年　フレガート艦アガトポル号の艦長、シリストリヤ号の艦長を務め、コーカサスの山民制圧の軍事行動に参加する（脚に銃弾を受け重傷を負う）

一八四〇年一〇月　その後、大佐となる

一八四〇－一八四二年　帰国。海軍作戦本部付となる
カスピ海へ派遣され、沿岸地帯で漁民や商人を略奪していたトルクメンを討伐する
その後、ペルシャ政府と漁業の境界を定め、貿易制限撤廃を認めさせた

一八四三年四月　日本への航海案を皇帝に提出（しかし、実現するのは十年後となる）

一八五二年五月　皇帝ニコライ一世により、プチャーチンを対日外交使節として、日本へ派遣させる決定が下される

日露関係年表

一八五二年（露暦）

二月二〇日　米国の日本遠征計画がロシアに伝わる

四月二四日　「極東におけるロシア権益擁護措置特別委員会」で審議される

一〇月七日　プチャーチンひきいるパルラダ号が日本へ向けて出港する

九月二〇日　樺太アニワ湾沿岸クシュンコタンにムラヴィヨフ哨所建設（嘉永六年八月三〇日）

嘉永六年（一八五三年）

二月二七日　プチャーチン宛追加訓令七二〇号送付。六月、プチャーチン小笠原諸島にて受け取る

六月三日　ペリーが浦賀に来航

七月一八日　プチャーチンが長崎に来航

一〇月三〇日　川路、江戸発足
一〇月二三日　プチャーチン一旦出帆（上海で情報収集するため）、一二月五
日帰港
一二月六日　長崎から便りが川路のもとへ届き、到着を急ぐ
一二月八日　川路、長崎到着
一二月一七日　日本使節団、ロシア艦にて歓待を受ける
一二月二〇日　長崎会談開始

嘉永七年（一八五四年）
一月四日　日本がロシアに最恵国待遇を与える
一月八日　プチャーチン長崎退去
三月三日　日米和親条約締結
三月一六日　クリミア戦争勃発

三月二三日　日米和親条約締結を聞きつけてプチャーチン長崎寄港、二九日退去

五月二二日（露暦）インペラートルスカヤ湾沿岸に到着。現地にてムラヴィヨフと会談

一〇月一五日　プチャーチン下田入港

一〇月二一日　川路下田到着

一一月三日　下田会談開始

一一月四日　安政東海大地震、津波発生

安政元年（一八五四年）

一二月二日　ディアナ号沈没

一二月八日　プチャーチン戸田到着

一二月九日　米艦下田入港

一二月一三日　フランス船下田入港
一二月一八日　日露国境画定問題について、合意が得られる
一二月二一日　日露和親条約締結（露暦一月二六日、新暦二月七日）
安政二年（一八五五年）
二月二四日　領事駐在について再交渉
三月二二日　戸田号が日本を出帆

―参考・引用文献

秋月俊幸（一九七四）「嘉永年間ロシヤの久春古丹占拠」スラブ研究、一九：五九―九五、北海道大学

イワン・ゴンチャロフ（一九六九）『ゴンチャローフ日本渡航記』高野明・島田陽訳、雄松堂書店

上野芳江（二〇〇五）『プチャーチン提督　一五〇年の航跡』No.八〇　ブックレット、東洋書店

大熊良一（一九七一）「日魯通行史におけるプチャーチン上・下」政策月報一九〇号・一九一号、自由民主党

加藤九祚（一九九一・〇三）「プチャーチン考」創価大学人文論集、創価大学

上垣外憲一（二〇一四）『勝海舟と幕末外交　イギリス・ロシアの脅威に抗して』中央公論新社

川路聖謨（一九六八）『長崎日記・下田日記』校注者：藤井貞文、川田貞夫、平凡社

川田貞夫（一九九七）『川路聖謨』吉川弘文社
佐藤誠三郎（一九六五）「西欧の衝撃への対応―川路聖謨を中心として」『近代日本の政治指導』政治家研究Ⅱ、東京大学出版会
E・M・ジューコフ（一九五七）『極東国際政治史一八四〇－一九四九』平凡社
V・S・ソボレフ（二〇〇四）「日露平和友好樹立のために……」（日露和親条約より）『東京大学史料編纂所研究紀要第一四号』東京大学史料編纂所
瀧澤一郎（二〇一六）「密偵プチャーチン」ロシア諜報史（九五）『治安フォーラム』立花書房
高野明（一九六六）「プチャーチンの来航と戸田の造船」海事史研究
奈木盛夫（二〇〇五）『駿河湾に沈んだディアナ号』元就出版社
沼津市明治資料館編（二〇一一・〇八）『嘉永七甲寅歳　地震之記』沼津市明治資料館
E・ファインベルク（一九七三）『ロシアと日本―その交流の歴史』小川政邦訳、新

時代社
麓慎一（二〇〇七）「日魯通好条約について―日露交渉とE・B・プチャーチンへの訓令を中心に―」『日露関係史料をめぐる国際研究集会二〇〇六』一七号、東京大学史料編纂所研究紀要／東京大学史料編纂所 編
戸田村文化財専門委員会・同小委員会編（一九七九）『ヘダ号の建造―幕末における―』戸田村教育委員会
英修道（一九五八）「川路聖謨と日露交渉」慶応義塾大学創立百年記念論文集（法学部）、慶応通信株式会社
森義男（一九九七）『プチャーチンと下田』下田市観光協会
ニコライ・ブッセ（二〇〇三）『サハリン島占領日記一八五三-五四―日本人の見た日本人とアイヌ』秋月俊幸訳、平凡社
山本四郎（一九五五）「川路聖謨―特にその外国思想について―」ヒストリア第一一号

Э.Я.Fайнберг, "Русско-Японские Отношения в 1697-1875гг. " - М.: "Издательство восточной литературы", 1960

К.Е.Черевко, "Зарождение русско-японских отношений. XVII-XIX века" - М.: "Наука", 1999

Б. Н. Болгурцев, "К Неизведанным Берегам" - СПб.: "Лениздат Санкт-Петербург", 1990

И. А. Гончаров, Полн. собр. соч. и пис. в 20-ти т. Т.2 "Фрегат Паллада" - СПб.: "Наука", 1997

И. А. Гончаров, Полн. собр. соч. и пис. в 20-ти т. Т.3 "Фрегат Паллада" - СПб.: "Наука", 2000

"Морской сборник". Т. XII. №6. СПб., 1854.

"Морской сборник". Т. XIII. №9. СПб., 1854.

"Морской сборник". Т. XVII. №7. СПб., 1855.

そのほか、多くの文献を参考にさせていただいた。

解説　出版後記に代えて

桜美林大学教授　川西重忠

匂坂（さぎさか）ゆり氏の新著『川路聖謨とプチャーチン』の発行に伴い、本書発行までの経緯と著者匂坂ゆりについて、私の知るところを記して読者の参考の便に供したい。

本書の著者、匂坂ゆりは学習院の学生時代に偶然知り合ったロシアの友人との縁から次第にロシアに関心を持つようになり、大学院時代には「幕末期日ロの外交史、―川路聖謨とプチャーチン」を研究テーマと決め、以来ライフワークとして調査研究を続けてきた。匂坂の関心は一貫して、幕末期における川路とプチャーチンをめぐる日ロの交渉史であるが、現在の北方領土問題の源流となる「日露和親条約」締結前後の歴史的背景と両国の現地状況を史実に基づいていきいきと描き出している。日ロ和親条約は、今なお、日ロ両国間に横たわる北方領土問題についての根本条約である。匂坂は、この条約締結者の二人の置かれた時代背景と人間関係、人物描写を公開された資料に基づいて事実をそのまま読者に提供している。日ロ双方の視点から日ロ和親条約のそののちの効力と歴史的推移を考えるうえで、本書は貴重な示唆を与えよう。北方領土問題の解決を考えるには、川路とプチャーチンが締結した幕末時のこの条約に立ち返る必要性がますます増大している。

今年はソ連が崩壊して25年に当たる。ソ連の崩壊は冷戦の終わりを意味した。冷戦後の世界は国家の枠組みが弱まり国境の垣根が限りなく低くなるグローバル時代に急速に移動して行くと予想された。マーストリヒト条約以後のＥＵの拡大と深化はこの世界的潮流に裏付けを与えるものとみなされ、地域共同体の出現が世界の各地域で模索され提唱された。

しかし、実際の国際関係は必ずしもこのようには推移せず、民主と自由の価値観を共有していた旧来の先進国のみならず、世界の各地域においてグローバル化と格差問題を内包したナショナリズムと国家の枠組みの強化が図られつつあるのが現状である。今まさに国のかたちが問われている。

英国のＥＵ離脱とロシアによるクリミヤ併合、ＩＳのイスラム国家の出現は、その顕著な例であろう。日本にとり悲願ともいえる北方領土問題一つとってみても同様である。外交交渉は経済と民間人の交流による人間関係、信頼関係に負う部分があることは否定できないが、実態は国益を背負った政府代表の虚虚実々の駆け引きにより、双方の妥協点を探り締結に至るものである。しかし現在の日ロ交渉はこのような状況におかれてはいない。単に日ロ両国トップ同士の人間関係云々の希望的観測のレベルでは解決できない。例えば、現在のロシアにおけるプーチンの置かれている立場を考えれば、解決は極めて厳しいと言わざるを得ない。先にあげたクリミヤ地区のロシアによる併合問題を採りあげても、国際世論がどのように批判を展開しようとも、クリミヤ併合の結果、89・9％のロシア人が熱狂してプーチン支持を表明し大国ロシア現出の英雄と称賛している現実を見る限り、プーチンが北方領土問題で日本側が期待する線まで妥協をすることは難しいであろう。

匂坂ゆり氏の本書の特徴は、彼女の日ロ関係に対する熱い変わらぬ思いと現地体験に裏付けられた地道な調査研究に基づいているという点があげられる。

私が著者である匂坂ゆりを知ったのは、5年前のモスクワにおいてである。当時、桜美林大学の在外研究員として、サバティカル研究制度のもとで、前半の半年間をドイツベルリン自由大学で研究生活をおくり、残りの半年間をモスクワ大学の国際語学センターに籍をおき研究生活をおくっていた。秋から寒さの冬に向かう時期で、マイナス30度まで下がる酷寒のモスクワで毎朝トロリーバスに揺られて大学に通っていた。匂坂ゆりとはその通学の車中で知り合った。そののち彼女をはじめとした12名のモスクワ在住の日ロの若い学生たちとの自主ゼミが私のマンションを教室として始まった。そのときのゼミ状況は、帰国後に『モスクワで日ロ関係を学ぶ　川西モスクワゼミ3か月の記録』（桜美林大学北東アジア新書）として出版された。

当時のモスクワゼミ学生たちとの音信は帰国後1年で殆どなくなったものの、匂坂は、「川路とプチャーチン」について研究をまとめたい、という意向から、帰国後3年間を桜美林大学北東アジア総合研究所に籍を置きつつ、幕末の日ロ関係の研究調査を続けてきた。

その成果が今回の「川路聖謨とプチャーチン」である。モスクワで知り合ってから5年に及ぶ調査研究の成果をまとめ上げた労作と思う。出版元の代表が解説じみた長文の出版後記を書くことには当初躊躇があったものの、著者の懇請に従い、読み返してみると、現地に行き生活したもののみが書ける、足で歩いて書いた文章や現地で撮った写真も多く、ロシアに魅せられた若い一日本人女性学徒の著作として、今の日本人一般に知ってもらいたい内容であると思い、喜んで一筆を添えることを応諾した次第である。学生時代からのライフワークをこのような形にまとめ上げた匂坂ゆりの強い意志とたゆまぬ努力に敬意を表したい。併せて、日ロ関係の友好と相互理解に不断の関心を示しつつ実行する匂坂ゆりの成長を祝し、今後の人生のために本書の発行を以て激励のエールとしたい。

2016年9月10日

【著者略歴】
匂坂《さぎさか》ゆり

横浜市出身。学習院女子大学、同大学院修士課程卒業後、モスクワ大学国際教育センターへ語学留学。その後、桜美林大学北東アジア総合研究所に勤務しながら、本書を執筆。

川路聖謨とプチャーチン

2016年9月23日　初版発行

著　者　匂坂ゆり

発行者　川西重忠

発行所　桜美林大学北東アジア総合研究所

〒151-0051　東京都渋谷区千駄ヶ谷1-1-12
Tel: 03-5413-8912　Fax: 03-5413-8912
http://www.obirin.ac.jp
E-mail：n-e-a@obirin.ac.jp

印刷所　藤原印刷株式会社

©2016 Printed in Japan
ISBN978-4-904794-77-7

定価はカバーに表示してあります
乱丁・落丁はお取り替え致します